tiny love stories

Wahre Geschichten über das größte Gefühl der Welt

Herausgegeben von
Daniel Jones und **Miya Lee**
von Modern Love THE NEW YORK TIMES

Aus dem Englischen von
Christiane Bernhardt

GROH

Inhalt

Über *Modern Love*

Modern Love ist eine wöchentlich erscheinende Kolumne über Beziehungen, Gefühle, Betrug und Enthüllungen, die 2004 zum ersten Mal in der *New York Times* abgedruckt wurde. 2016 wurde aus der Kolumne ein wöchentlicher Podcast, der bei Erscheinen auf Platz 1 der iTunes-Charts einstieg und beinahe 100 Millionen Mal heruntergeladen wurde. Eine Kolumnensammlung mit dem Titel *Modern Love: True Stories of Love, Loss, and Redemption* wurde 2019 veröffentlicht, im gleichen Jahr, in dem die Amazon Studios die erste Staffel von *Modern Love* ins Netz stellten, einer Serie mit acht Folgen, die auf der Kolumne basieren.

Was sind *Tiny Love Stories*?

Tiny Love Stories begann als Challenge der Redakteure der *Modern-Love*-Kolumne in der *New York Times*: „Was für eine Liebesgeschichte kannst du in zwei Tweets, einer Instagram-Bildunterschrift oder einem Facebook-Post erzählen? Erzähle uns eine Liebesgeschichte aus deinem Leben – egal ob glücklich oder traurig, ob sie einen Moment oder ein ganzes Leben umfasst – in nicht mehr als 100 Worten.“ Bald waren wir Redakteure von Einsendungen überschüttet, keine davon länger als die Einführung, die Sie gerade lesen. Dieses Buch enthält viele der bezauberndsten und bewegendsten Geschichten, die wir erhalten haben. Wir hoffen, dass Sie Ihnen gefallen. Denken Sie doch einmal darüber nach, ob Sie auch die Ihre einreichen möchten unter nytimes.com/tinylovestories.

DIE GESCHICHTEN

Meine wichtigsten Männer in Form von Mahlzeiten

Mein erster fester Freund Howie war eine Suppe mit Matzenknödeln: warm und gemütlich, ganz wunderbar für einen kalten Wintertag, aber nicht sonderlich sexy. Mein schon einmal verheirateter Ex-Mann John glich Fast-Food-Resten: im Kühlschrank unwiderstehlich, aber nach dem Essen fühlte man sich immer schlecht. Vinnie, ein Pizzabäcker und „Übergangsmann", war ein Festmahl, fast schon ein Gelage: dazu bestimmt, Sodbrennen hervorzurufen, aber man konnte einfach nicht aufhören zu essen. Mein heutiger und hoffentlich letzter Mann Charles ist Vollkornflocken, bestreut mit einigen zuckersüßen, quietschbunten Lucky Charms: Er hält mich lange satt und ist fast immer auf geradezu magische Weise lecker.

– Jill Lipton

Im Uhrzeigersinn von oben links: Chris, ich, Greg und Kurt vor unserem Elternhaus in Kansas City.

Als wir eins wurden

Wir wuchsen in geraden Zahlen auf. Zwei Eltern, vier Söhne, sechs Personen. Zwei Jungs pro Schlafzimmer. Im Sommer waren je zwei bei den einen Großeltern, zwei bei den anderen, dann wurde getauscht. Bestraft, gerufen und über das Leben aufgeklärt wurden wir immer paarweise. Dann, in unserer Lebensmitte, rief mich Kurt an, um mir mitzuteilen, dass Greg, der Jüngste, unerwartet gestorben war, und ich rief Chris an, um es ihm zu sagen. Chris und ich flogen nach Hause und Kurt traf uns am Flughafen. Wir hielten einander und in diesem Moment wurden aus vieren drei und wir drei wurden eins.

- Brian Justice

Durchgemachte Nächte, Kuchen und Netflix

Seit zehn Jahren sehe ich meinen ehemaligen Klassenkameraden dabei zu, wie sie sich häuslich einrichten: Ehemann, Ehefrau, Baby, Haus. Sie sehen erwachsen aus, wie ihre Eltern. Ich jedoch bin mit meinen 34 noch immer Single, mache Nächte durch und esse Kuchen zum Abendessen. Ich fahre eine Stunde für eine gute Ramen-Suppe, verreise übers Wochenende. Ich schaue Netflix, ohne zur Rechenschaft gezogen zu werden. Niemand ärgert sich über schmutziges Geschirr. Die Ehe hat meine Klassenkameraden auf einen ruhigeren Pfad geführt, einen, der meinen kaum noch kreuzt. Ich vermisse sie. Für mich bedeutet ein „Herzlichen Glückwunsch zur Verlobung“ viel zu oft ein „Lebwohl“.

– Adam Chandler

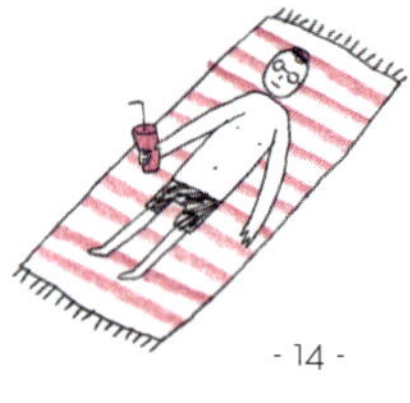

Der Aberwitz eines romantischen Abends zu zweit

Der Abend gehört uns! Heute Abend sind wir frei! Keine Hintern, die es zu wischen, keine Münder, die es zu füttern gilt; nur du und ich. „Wir sollten ausgehen“, sage ich. „Nackt durch den Regen rennen, uns in der Bahn lieben oder so was in der Art.“ Aber das tun wir nicht. Stattdessen sehen wir uns auf unseren Handys Fotos unserer Kinder an, bis uns die Augen zufallen.

– Emily-Jane Clark

Er hat sich so bemüht, sich an mich zu erinnern

Als mein 61-jähriger Vater seine Alzheimerdiagnose erhielt, fuhren wir zusammen zum Drogeriemarkt und besorgten ihm den größten Stapel Notizkarten, den sie verkauften. Ich fragte: „Wie heißt die Stadt, in der du aufgewachsen bist?" Wir notierten Union Springs, Alabama. Ich fragte: „Wer war dein erster Kuss?" Amanda. Vier Jahre später half ich meinem Vater bei seinem Umzug ins Pflegeheim und räumte die Sachen von seinem Schreibtisch zusammen. Die Notizkarten einzupacken, erschien albern, daher umwickelte ich den längst vergessenen Stapel mit einem Gummiband und öffnete seine Schreibtischschublade, um ihn hineinzuwerfen. Darin fand ich weitere Notizkarten. Auf allen stand das Gleiche: mein Name.

– Drew Hasson

Keine Nacktfotos mehr

Wir arbeiteten als Content-Moderatoren und löschten Nacktbilder. Den ganzen Tag wühlten wir uns durch Tausende Fotos und Nachrichten, die von der Netzwerk-App als unangemessen markiert worden waren. Er saß in meiner Nähe, aber in unserem Büro herrschte strenges Redeverbot, und so begann unsere Beziehung im Stillen, indem wir uns heimlich lustige Sachen schickten, die wir auf Gchat fanden. Eins führte zum anderen, bis wir eines Tages genug davon hatten, über Nacktfotos zu reden, und beschlossen, stattdessen einander auszuziehen.

- Kristine Murawski

Unsere Beziehung, mit Klebeband neu zusammengefügt.

Zerrissen

„Ich verlasse dich", sagte sie. Mit bedauerlich dramatischer Geste zog ich das Foto aus seinem Rahmen und zerriss es in Einzelteile. In der Nacht unseres Kennenlernens aufgenommen, war das Bild unersetzbar. Ich hoffte auf Tränen, ein Einlenken, Versöhnung. Doch stattdessen entsorgte sie die Schnipsel im Papierkorb. Was man sagt, ist wahr: Das Herz kann brechen. Später holte ich mir die Schnipsel und fügte das Bild sorgfältig mit Klebeband zusammen. Sie verließ mich. Monate vergingen. Sie kam zurück. Mein Herz heilte. Heute befindet sich das Flickwerk in einem Rahmen über unserem Sofa und erinnert uns an die Zerbrechlichkeit der Liebe.

- Susan Anderson

Wer ist gleichgültiger?

Er bändelte mit jemand anderem an. Die Textnachrichten gingen nie von mir aus. Er tauchte nicht auf, um meine Schwester kennenzulernen. Ich hatte noch immer Kontakt zu meinem Ex. Wir steckten in einem Spiel namens „Wer ist gleichgültiger" fest. Ich habe gewonnen – aber eigentlich doch verloren.

– Caroline Kulig

Unser Liebesdreifuß

Am Vorabend des neuen Jahrtausends verliebte ich mich in Andrew, einen draufgängerischen englischen Werbemanager. Blöderweise entliebte ich mich nicht von Scott, einem amerikanischen Architekturfotografen und meinem langjährigen Partner. Aus unserer Zwickmühle entstand eine unerwartete und dauerhafte Partnerschaft: eine V-förmige Dreiecksbeziehung ohne Eheversprechen und Nachwuchs. Als geborene Engländerin, heute jedoch Wahlamerikanerin bin ich der Dreh- und Angelpunkt in unserem harmonischen Dreierhaushalt: Ich schlafe mit beiden Männern; sie nur mit mir. Alles andere teilen wir uns – unser Zuhause, die Finanzen, Freunde, Urlaube, Schicksalsschläge. Wie Scott zu sagen pflegt, steht unser Dreifuß stabiler als jede Beziehung auf zwei Beinen.

– Kate Holt

Ich bin nicht geflohen

Ich lernte David bei einem Blinddate kennen. Tags darauf lud ich ihn zum Tee ein. Er erschien auf meiner Veranda, spähte durchs Fenster und streckte mir seine hohlen Hände entgegen. „Es gehört dir", sagte er. „Was? Schwitzige Hände?" „Nein." Er strahlte. „Mein Herz." Normalerweise ergreife ich bei so etwas die Flucht, aber ich blieb. Er wollte, dass ich sein Herz halte. Sein Körper war bereits vom Krebs gezeichnet, aber ich sagte Ja. Wir lachten. Wir weinten. Wir heirateten. Zweiundzwanzig Monate nachdem sich unsere Blicke trafen, stand ich am Fluss, in meinen hohlen Händen seine Asche, und ließ ihn los.

– Susan Purvis

„Sicher, dass er langweilig war?“

Fünf Jahre Onlinedating. Unzählige Verabredungen. Null Schmetterlinge. Null feste Freunde. Definitiv null Ehemänner. So nah an der Liebe, sagen sie. Man weiß nie, sagen sie. Bewerte ihn nicht nach seinem Aussehen; gib seiner Persönlichkeit eine Chance. Sicher, dass er langweilig war? Vielleicht war er einfach nicht gut drauf. Unzählige Ausflüchte. Null Zuverlässigkeit. Null Beständigkeit. Definitiv null Erwartungen. Die gegenwärtige Lage für Frauen, die in ihren Dreißigern daten: Oh, du hast noch keine Beziehung? Dann suchst du wohl nicht intensiv genug.

– Shruti Gupta

Glücklich vereint.

Unzertrennliche Zwillinge

Wir hatten genug davon, „die Zwillinge" zu sein, also stellten wir Regeln für unser erstes Semester auf. Mein Haar kurz und rot, das von Anushka braun und lang. Wir sitzen auf entgegengesetzten Seiten im Vorlesungssaal (wir haben beide Biologie als Hauptfach), leben in unterschiedlichen Wohnheimen. Kein gemeinsames Mittagessen, keine gemeinsamen Partys. Höchstens ein Treffen pro Woche. Das ging nicht lange gut. Ohne den Menschen leben, der Teil von mir ist – unvorstellbar. Nach einem Jahr voller unlösbarer Aufgabenblätter, Mitbewohnerdramen, Herzschmerz und der Scheidung unserer Eltern lachen wir heute darüber, dass wir einmal dachten, wir könnten da allein durch.

– Anjali Walia

Eines spricht offensichtlich dafür

Ich wuchs in einer Kleinstadt auf, in der gleichgeschlechtliche Beziehungen als abnormal und falsch betrachtet wurden. Mit meiner Sexualität ringend, fragte ich mich: „Soll ich mich auf so etwas wie eine romantische Beziehung überhaupt einlassen?“ Als ich ans College ging und mich in ein Mädchen verliebte, hatte ich Angst, meinen Gefühlen zu folgen. Mein Freund John besuchte mich im Studentenwohnheim und half mir abzuwägen, was für oder gegen eine Beziehung zu ihr sprechen würde. Später überflog ich die Liste allein. John hatte hauptsächlich Witze aufgeschrieben, bis auf ein Wort: „Liebe?“

– Gabriella Vacarelo

Mehrjährige Pflanzen

Nachdem ich meinen Ehemann gebeten hatte zu gehen, nach Nächten, in denen ich meine weinenden Töchter getröstet hatte, nachdem ich meine Haare büschelweise in Händen hielt, kam meine Mutter zu Besuch. Sie schüttelte den Kopf. „Ich verstehe es nicht. In guten wie in schlechten Zeiten!“ Am nächsten Morgen fand ich sie in meinem verwilderten Garten. Sie grub, jätete, säte. Als sie abgereist war, wühlte mich die Ordentlichkeit auf: frischer Mulch, geschnittene Bäume, perfekte Sträucher. Ich dachte, sie wolle mir mit den mehrjährigen Pflanzen sagen: „Die werden wiederkommen, dir zum Trotz.“ Aber vielleicht war es auch: „Bitte, so wird es leichter.“

– Lisa Mecham

Getrennter Urlaub

Er nahm ein Boot. Ich blieb zu Hause. Wir sind seit einundvierzig Jahren verheiratet, und es macht uns nichts aus, getrennte Wege zu gehen. Danach erzählte er mir Geschichten von dem kanadischen See, einem Zedernholzboot, dem Fisch, den er behutsam wieder freiließ. Ich schrieb eine kurze Erzählung über seine Liebe zur Natur. Sie begann so: Er nahm ein Boot. Und endete mit: Wir sind glücklich, wenn wir allein zusammen sind.

– Beverly Blasingame

Eine beängstigendere Art der Anziehungskraft

Wie man jemanden kennenlernt: (1) Tinder nutzen, um die nervösen Finger zu beruhigen. (2) Pläne für ein Treffen im Central Park machen, aber nicht den Treffpunkt schicken („Du musst mich finden: schwarzes Kleid"). (3) Empörung schlucken, wenn er aufgibt und sagt, jetzt bist du dran mit Suchen. (4) Sich frustriert im Kreis drehen, bis man ihn hoch oben auf einem Felsen erblickt. (5) Sofort die eigene Höhenangst überwinden, um zu ihm zu klettern. (6) Sich während der folgenden drei Stunden einer ganz anderen, sehr viel furchteinflößenderen Schwer- beziehungsweise Anziehungskraft hingeben. (7) Tinder löschen.

- Linh Nguyen

Keineswegs fertig mit der Welt

Nach fünf Runden künstlicher Befruchtung war meiner Frau und mir das Geld ausgegangen, um Eltern zu werden. Wir weinten viel. Vermieden Facebook. Drückten unsere Hunde zu fest an uns. Schauten Babyelefantenvideos. Um unserer Trauer zu entfliehen, kauften wir Flugtickets nach Prag, die unser Budget eigentlich überstiegen. Wie ein Geist spukte unsere Traurigkeit um uns herum. In der Altstadt lächelten wir. Leckten uns gegenseitig den Regen von den Lippen. Küssten uns auf der Karlsbrücke. Hinterließen Graffiti, die unsere Liebe verkündeten. Hielten Händchen in der Tram. Aßen Suppe, die uns von innen wärmte. Wir waren keineswegs fertig mit der Welt.

– Jackson Bliss

„Steh auf. Es ist alles okay."

Im Kindergarten wurde ich gefragt, was ich einmal werden möchte, wenn ich groß bin. „Mutter", schrieb ich und malte ein prüdes Spitzenkleid und eine Schürze. „Das ist kein Beruf", sagte meine Lehrerin. Zwanzig Jahre später versank mein Mutterdasein im Wahn. Psychische Erkrankungen sind grausam, eine Lähmung. Als ich im Bett lag, kam mein kleiner Sohn zu mir. „Steh auf", sagte er. Von der Therapie bis zur Genesung wurde dies zu meinem Mantra. Inzwischen rufen wir es uns an kühlen Herbstmorgen zu, wenn wir zusammen Hockey üben. „Steh auf. Es ist alles okay. Ich bin bei dir."

- Mollie Garnes

Selfie, aufgenommen an der Ecke Twenty-second Street und Eighth Avenue in New York.

Zentimeter voneinander entfernt

Nach der Trennung verbrachten wir Thanksgiving, Weihnachten und jeden Geburtstag zusammen. So nah, dass wir uns hätten berühren können, unsere Beine nur Zentimeter voneinander entfernt. In den 90ern starben viele von uns noch immer an AIDS, aber ich dachte mir, nein, doch nicht Michael. Als er starb, fragte ich mich, wer einen schwarzen schwulen Mann wie mich jemals wieder so lieben würde. Verdammt, Michael. Und doch höre ich dich auch 20 Jahre später noch immer sagen: „Komm vom Kreuz runter, Mary. Ein anderer braucht das Holz.“ Dann ist er so nah wie damals, als unsere Beine sich fast berührten.

– Wesley Rowell

Die frohe Botschaft weitergeben

Als ich auf meinen Freund wartete, der unsere Rechnung bezahlte, sagte ein älterer Herr: „Entschuldigung. Ich möchte Ihnen nur sagen, dass sie ein reizendes Paar abgeben. Meine Frau ist vor Kurzem gestorben. Als wir noch dateten, sagte jemand das Gleiche zu uns.“ Wir dateten nicht. Doch eine halbe Stunde zuvor hatte mein Freund vorgeschlagen, genau das zu tun. Ich war unsicher, ängstlich, wollte unsere Freundschaft nicht verlieren. Ich bin dem bezaubernden Herrn, der mein Herz an jenem Tag berührte, für immer dankbar. Mein Freund, der mein Ehemann wurde, starb vor Kurzem. Nun freue ich mich darauf, die frohe Botschaft weiterzugeben. – Kathy Caruso

Zum Glück war da kein Gruppenleiter

Das Jahr 2000. Ich war eine traurige Sozialarbeiterin mittleren Alters, die nervös an einem Treffen der Selbsthilfegruppe für Geschiedene in einer Episkopalkirche in Atlanta teilnahm. Außer mir nur eine andere Person, ein gleichaltriger Mann, redselig. Wir sprachen stundenlang über unser Leid, und ich dachte: „Herrje, der Gruppenleiter legt ja einen Seelenstrip hin." Da sagte er: „Seit wann leiten Sie die Gruppe?" Der echte Gruppenleiter tauchte an dem Tag nicht mehr auf, an dem wir unseren Herzschmerz miteinander teilten und ein erstes verliebtes Kribbeln spürten. Wir lachten den ganzen Weg bis zum Parkplatz. Seitdem waren wir nie wieder bei der Gruppe.

- Moira Keller

Weit vor *La La Land*

Es war viel zu früh, um wach zu sein, aber vor mir lag eine lange Fahrt von Tujunga nach Marina del Rey. Auf der 405 staute sich der Verkehr (wir befinden uns in einer Zeit weit vor *La La Land*). Plötzlich öffnete sich die Tür des Toyotas vor mir. Der Mann, mit dem ich am Vorabend zum ersten Mal ausgegangen war, tauchte auf. Er küsste mich durchs Fenster und ging dann zu seinem Auto zurück. Die Autos rollten wieder los. Heute sind wir beide alt und seit Ewigkeiten verheiratet. Aber die Erinnerung bleibt.

– Peg Burr

Wenn die Liebe ein Rezept ist

Klein geschnittene Sellerie und geviertelte Kartoffeln stehen im Kühlschrank bereit. Auf der Küchentheke ein Wasserkrug und ein Schmortopf mit getrockneten Bohnen. Auf dem Deckel eine Nachricht meines Ehemanns, Koch von Beruf, für mich, die selbst Wasser anbrennen lässt. „Gegen Mittag: (1) Wasser hinzufügen. (2) Gemüse dazugeben. (3) Umrühren. (4) Einschalten. (5) Vergessen." Seine niedliche Krakelschrift. Sein bedingungsloser Glaube an mich. Zwischen Schritt 4 und 5 traf es mich wie ein Blitz. Bei der ehelichen Liebe geht es nur selten um große Gesten. Manchmal zeigt sie sich in etwas so Einfachem wie einem Rezept, das einem hilft, eine köstliche Suppe zuzubereiten. – Meagan Fratiello

Dakotas bestes Abschlussball-Date

Ich war Dakotas Date für den Abschlussball, solange er „keine Bessere finden" würde. Inzwischen sind wir verheiratet. Sieht ganz so aus, als hätte er keine Bessere gefunden.

– Megan Kline

Verheiratete Marines

Unsere Blicke trafen sich in einem überfüllten Raum. Er sah gut aus in seiner Militäruniform; ich fühlte mich in meiner unsicher. Zunächst ein Kollege, gewann er meinen Respekt, meine Freundschaft und schließlich mein Herz. Jahre später verschwand er, und sie tauchte auf. Wir suchten einen neuen Namen für sie aus. Wir teilten unsere Garderobe, unsere Sorgen und Freuden, und als ich mich in ihre graziösen Kurven verliebte, auch unsere Leidenschaft. Ich war von der Art, wie sie sich bewegte, verzaubert, von den schwarzen Locken, die über ihre Schultern fielen. Mein Mann ist fort, heute gehört mein Herz meiner Frau.

– Jacqueline Keavney Lader

Mühelos gibt es nicht

In der Highschool fingen meine beste Freundin und ich an, miteinander auszugehen. Sechs Jahre lang rauschten wir durch einen Kreislauf aus Trennungen und Versöhnungen, zusammengehalten durch unser geteiltes Sicherheitsbedürfnis. Unsere Identitäten waren so mit der Beziehung verflochten, dass wir die Vorstellung, allein zu sein, nicht ertrugen. Sie wollte eine Therapie. Ich zögerte. Ich hing an dem Bild, „gute" Beziehungen wären mühelos. Heute bin ich Paartherapeut. Das Einzige, was diese Ironie noch übertrifft, ist meine Hoffnung, dass unsere Geschichte noch nicht zu Ende ist.

– Jacob Wollinger

Vor die Tür gesetzt

Mit 52 wurde ich vor die Tür gesetzt. Habe es als Omen betrachtet. Keine Liebe mehr für mich, sinnlos, überhaupt noch danach zu suchen. Dann nahm ich bei einer Silvesterparty auf dem einzigen freien Stuhl im Raum Platz, neben mir ein Mann. Aus reiner Höflichkeit begann ich eine Unterhaltung über unsere Kinder – aufgrund der Lautstärke mussten wir die Köpfe zusammenstecken. Inzwischen unterhalten wir uns seit zehn Jahren, die Köpfe noch immer zusammengesteckt. Gelernte Lektion: Sei offen.

– Susan Lightstone

Meine Mutter und meine Tochter.

Die heiligste aller Kommunionen

Sie trug nicht mehr ihre dicke Brille, ihr Blick wässrig und unsicher. Sie konnte nicht mehr allein essen. Als wir sie besuchten, fütterte ihr mein Sohn Mathias löffelweise püriertes Gemüse. Meine winzige Tochter Christina sah dabei zu und quetschte sich dann zwischen ihren Bruder und ihre Großmutter. Zuerst gab sie ihr einen Kuss, so einen feuchten Schmatzer, wie ihn ihr ihre Oma immer gegeben hatte. Sie kicherten. Dann riss Christina ein Stückchen Brot ab und legte es auf die Zunge ihrer Großmutter. Ma ließ es zu und schluckte. Die Traurigkeit löste sich. Für mich war es die heiligste aller Kommunionen.

– Joyce Simon

Warten, dass das Puffern aufhört

Mein Freund und ich versuchen, uns alle zwei Wochen für einen Abend zu zweit zu verabreden. Ganz normal, nur dass unsere Verabredungen zwei Zeitzonen und 1800 Meilen überbrücken. Ich gehe in Ohio aufs College, er in Arizona. Inzwischen bedeutet Liebe für uns FaceTime bei den Mahlzeiten (damit wir nicht allein essen müssen), seine Lieblingsbackwaren so luftdicht verpacken, dass sie in der Post nicht verderben, und den Netflix-Film pausieren, weil der Laptop des anderen gerade puffert. Am Flughafen rasen wir in die eine und trotten in die andere Richtung. Es ist keine einfache Beziehung, aber sie gehört uns.

– Gina Deaton

Was Tinder-Dates mir gegeben haben

Gläserweise Marmelade, Hilfe beim Regalaufhängen, eine Fahrt zum Flughafen, einen Kater-Eisbecher mit Erdnüssen, Abkürzungen durch Durham, Ausflüge zu Costco, die Telefonnummer eines Stadtplaners, eine medizinische Beratung, den Besuch einer Georgia-O'Keeffe-Ausstellung, Mitgefühl, selbst gemachtes Kürbisbrot, Geschichten über ihre Mütter, lange Umarmungen, aus denen nicht mehr wurde. Ich dachte, beim Onlinedating würde es um körperliche Bedürfnisse gehen, doch stattdessen habe ich viele kleine intime Momente erlebt. Auch bei ihnen ging es um Bedürfnisse. Fast sogar um Liebe.

– Sarah Morris

Komm zurück, Katze!

Eines Morgens kam die Katze nicht zurück. Beinahe einen Sommer lang suchten wir Lionel. Wir dachten, sein Tigerfell wäre einzigartig, doch später fanden wir an der nächsten Straßenecke, in Tierheimen und online Doppelgänger. Jedes Mal hüpften unsere Herzen. Lionel! Unser Jüngstes hatte ihn sich so sehr gewünscht. Wir konnten uns nie vorstellen, dass er verschwinden würde. Kann man das jemals? Seit Kurzem kommt ein beharrlicher Tiger an unsere Tür und miaut. Ich schickte unseren inzwischen erwachsenen Kindern ein Foto. Wäre es möglich …? Nein, zu groß, zu grau, zu lange her. Auf seinem Halsband steht „River“. Er bringt viele Erinnerungen zurück.

– Christine Kouwenhoven

Ein unerwartetes Zeichen

Ich war 30 und wusste, dass ich keine Kinder bekommen konnte. Als ich eines Tages eine schwangere Freundin zum Einkaufen begleitete, entdeckte ich einen gestreiften Strampler mit einer aufgenähten Krabbe auf dem Rücken. Sollte ich je ein Kind haben, sagte ich zu ihr, würde ich ihm den da anziehen. Acht Tage darauf ging ich zur Kirche und sah ein Baby, eingekuschelt in den Armen seiner Großmutter. Es trug genau diesen Strampler. Am Ende des Gottesdienstes sagte der Pfarrer, der Kleine brauche sofort ein neues Zuhause. Zwei Tage später zog er bei mir ein. Heute ist er 5 und mein Sohn. - Sarah Reynolds Westin

Timothy wartet auf mich

Wenn ich meine Eltern in Arizona besuche, schlafe ich in meinem alten Kinderzimmer. Die Hunde freuen sich jedes Mal, mich zu sehen. Bei einem Besuch entschied ich mich spontan, einen Abendflug zurück nach New York zu nehmen. Ich packte meine Sachen zusammen und verabschiedete mich. Als ich am Flughafen in der Warteschlange zum Sicherheitscheck stand, las ich eine Nachricht, die mir meine Mutter geschickt hatte: ein Foto eines unserer Chihuahuas, der auf meinem Bett wartete. Ich weinte. Wie es schien, hatte niemand Timothy, der während meines Aufenthalts neben mir geschlafen hatte, gesagt, dass ich abgereist war.

– Elizabeth Hernandez

„Warum nur ist er mit ihr zusammen?"

„Sie ist hübsch, für ein dunkelhäutiges Mädchen." Das habe ich in meiner Kindheit im hautfarbenbesessenen Indien oft gehört. Nishanth lernte ich am College kennen. Er ist ein attraktiver Mann mit heller Haut. Er liebte mich um meiner selbst willen, meine Hautfarbe war ihm egal. Freunde, Familienmitglieder und Fremde hingegen fragten mal verschämt, mal ungeniert: „Warum nur ist er mit ihr zusammen?" Seine Familie war dagegen. Was sollten die Leute denken, wenn er ein dunkles Mädchen in seine helle Familie brächte? Wir kämpften für ein gemeinsames Leben. Zwanzig Jahre und einen Sohn später sieht Nishanth noch immer mich – nicht meine Hautfarbe.

– Deepthi Nishanth

Loslassen

Bei der Beerdigung meines Vaters umarmten die Leute meine Mutter, meine Schwestern und mich. Mit einem traurigen Lächeln schüttelten sie die Köpfe. Kurz nachdem er sich von einem Herzinfarkt und einer Bypassoperation erholt hatte, erlitt er infolge von Herzrhythmusstörungen einen Hirntod. Wie bedauerlich, sagten sie. Doch hinter ihren Kondolenzwünschen spürte ich unausgesprochene Fragen: Wie konntet ihr nur? Wie konntet ihr nur die Beatmungsmaschine ausschalten? Hätten sie gefragt, wir hätten darauf geantwortet: Unsere Liebe für ihn war größer als unsere Angst, ihn zu verlieren, groß genug, um ihm seine Freiheit zu schenken.

– Mary Liles Eicher

Oktoberfest-Begegnung

Wir lernten uns beim Oktoberfest in München kennen. Er war mir am Tag meiner Ankunft aufgefallen, ein gut aussehender Fremder, der aus dem Bahnhof kam. In jener Nacht hatten wir ein Match auf einer Dating-App, nahmen aber keinen Kontakt auf. Tags darauf entdeckte ich ihn, wie er auf einer Bierbank über der Menge einen Toast sprach. Wir trugen identische Lederhosen. Leicht angesäuselt zeigte ich auf ihn und sagte: „Hey, du! Komm runter!“ Als er hinuntersprang, sagte er: „Du hast mich gefunden!“ Ich hatte noch nicht einmal gewusst, dass ich nach ihm suchte, doch zwei Jahre später habe ich ihn noch immer.

– Ryan Leach

Unser 5-jähriger Sohn Luke.

Blitzblaue Augen

Er war im Abschlussjahrgang, hatte blitzblaue Augen. Ich war im zweiten Jahr und in ihn verknallt. Aus einer Vorstellungsrunde wurde ein Mittagessen, dann eine College-Romanze. Wir waren unangreifbar. Doch aus kuscheligen Nächten in meinem Wohnheimzimmer wurden Trennungen und „Ich-kann-nicht-ohne-dich-leben"-Versöhnungen. In meinem letzten Jahr zwei pinke Striche. Er verpfändete seine Martin-Gitarre für einen Ring, verkaufte seinen Jeep für die Mietkaution eines winzigen Reihenhauses. Bei meiner Abschlussfeier betrat ich die Bühne im sechsten Monat schwanger. All das war nicht gerade perfekt. Aber wissen Sie, was es dafür ist? Unser Sohn, der uns mit ebenso blitzblauen Augen anstrahlt. - Elizabeth Mackey

Als ich mich vor meinem Sohn outete

Ich sagte zu meinem 12-jährigen Sohn: „Du weißt doch, dass Männer und Frauen daten und heiraten, wie Dad und ich, bevor wir uns trennten?“ Er nickte. „Gut“, sagte ich. „Ich date jemanden, aber keinen Mann; ich date eine Frau.“ Er fragte: „Bist du glücklich?“ „Ja“, erwiderte ich. „Sehr glücklich.“ „Cool“, sagte er. „Dann bin ich auch glücklich.“ Ein paar Jahre später führte er mich zum Traualtar zu meiner künftigen Ehefrau. – Carrie Platner

„Der Sturm fegt alles weg."

Die Windböen von Hurrikan Maria fegten über unsere Straße in Cayey in der Bergregion Puerto Ricos. Die Fenster im Schlafzimmer meiner Eltern wackelten. Meine Mutter verließ schnell den Raum, doch mein Vater erstarrte. „Ich kann mich nicht bewegen", sagte er. „Der Sturm fegt alles weg." Meine Geschwister und ich traten zu ihm. Wir sagten, er müsse rausgehen. Wir nahmen ihn fest in den Arm, während die Fenster fortgerissen zu werden und zu zerbersten drohten. „Te tenemos papi", sagten wir. („Wir passen auf dich auf, Papa.") Er blickte zu uns auf und lief los.

- Melissa Alvarado Sierra

Vergebliche Versuche, dich nicht zu lieben

So weit voneinander entfernt. Ein Ozean und zwanzig Jahre zwischen uns. „Ich liebe dich, aber wir müssen beenden, was immer das auch ist", sagt sie. Vielleicht hat sie recht: Wir reden über das ungleiche Machtverhältnis zwischen älterem Mann und jüngerer Frau, den Altersabstand zwischen ihr und meinen erwachsenen Kindern. Monate später sind wir für einen Tag wieder in der gleichen Stadt. Es dauert keinen Tag. Nicht einmal eine Minute. Nur ein Lächeln und wir sind wieder dort, wo wir angefangen haben. Verliebt, glücklich und irritiert. Irritiert, weil wir versuchen, uns in andere zu verlieben. Und es einfach nicht funktioniert.

– Nick Williamson

Kletterpartie auf den Fudschijama

Nach einigen Kilometern Aufstieg auf den Fudschijama, die Wanderung schwieriger als gedacht, kauerte Jeff sich zusammen, sah mich mit seinen blauen, vom Wind geröteten Augen an und sagte: „Ich frage mich gerade, wie viele American-Express-Punkte es wohl kosten würde, sich von einem Helikopter abholen zu lassen." Wir brachen in schallendes Gelächter und Tränen aus. Ich klopfte Staub von mir ab, als er seine Hand ausstreckte und mich hochzog. In Dunkelheit wie Licht klettern wir unseren Berg täglich weiter auf und ab. Abwechselnd strecken wir entweder unsere Hand aus oder lassen uns hochziehen und gehen stetig voran.

- Carrie Ferguson

Eine zweite Chance für die junge Liebe

Ich stelle mir vor, wie der Verlobungsring bei den Delta-Upsilon-Partys aufblitzte, die sie in ihrem letzten Jahr am College besuchte. Meine Eltern heirateten direkt nach ihrem Abschluss und bauten sich ein gemeinsames Leben auf. Während ihre Freunde Nächte hüftschwingend in den Nachtklubs Manhattans verbrachten, versuchten meine Eltern, den perfekten Rhythmus zu finden, um mich in den Schlaf zu schaukeln. Ein paar Jahrzehnte später, ich habe gerade meinen Uni-Abschluss in der Tasche (ohne Verlobungsring), beginnen sie endlich wieder „zu daten". Abends, wenn sie losziehen, schließe ich die Tür hinter ihnen ab.

– Delaney Tarpey

Ein Leben voller Eheglück

Nach einer Hochzeit, unser Sohn war Trauzeuge, befanden meine Frau und ich uns um Mitternacht in der U-Bahn. Ein junger Mann begann, sich auf dem Bahnsteig mit einem Paar zu unterhalten. Er rief: „Mach ihr einen Antrag! Jetzt! Sonst macht's ein anderer." Als die Türen geschlossen waren, sagte er laut zu mir: „Er sollte ihr einen Antrag machen, oder?" Nachdem ich zustimmte, sagte er: „Schaut, selbst der alte Kerl ist meiner Meinung!" Später ergänzte er: „Hoffentlich war Ihnen das nicht peinlich. Ich möchte nur, dass die beiden haben, was Sie haben: ein Leben voller Eheglück." Woher wusste er das nur?

– Dan Brody

Mein Sohn, der am Crissy Field Beach in San Francisco spielt.

Aus der Dunkelheit ins Meer

Als meine große Liebe an einer Überdosis Heroin starb, glaubte ich, nie wieder lieben zu können. Dann traf ich Daniel. Ich war felsenfest davon überzeugt, dass die Beziehung niemals funktionieren könnte, bis er mir eines Nachts das Versteck der Kojoten in den Hügeln San Franciscos zeigte. Sein Visum lief ab, also heirateten wir im Rathaus und feierten mit einer riesigen Torte von einer örtlichen Bäckerei. Diese Liebe ist nicht himmelhochjauchzend, die für unseren Sohn dafür schon. Vielleicht war es der Tod meines Freundes, der mir ermöglichte, den Klang der Stimme meines Sohns kennenzulernen, die das Meer berührt.

– Molly Welton

Opa, ich bin auf dem Klo

Mein Großvater ist dement. Als ich ihn einmal besuchte, stürmte er in die Toilette, um mir einen Zeitungsausschnitt zu zeigen: einen Artikel über einen Jungen, der Roboterhände so programmiert, dass sie Klavier spielen. Ich nehme an, dass er vergessen hatte, dass man andere eigentlich nicht auf dem stillen Örtchen stört. Woran er sich jedoch erinnerte, war mein Lieblingsinstrument – das Klavier. Es gibt vieles, was wir vergessen, da bin ich mir sicher, ich glaube aber nicht, dass uns je entfällt, wie man sich gegenseitig liebt.

– Bella O'Connor

Im Licht der Chilischoten

Es ist wieder einmal so weit. Woher ich das weiß? Wegen der alten Lichterkette mit den roten Chilischoten aus Albuquerque. Wir haben sie vor über dreißig Jahren für unser erstes gemeinsames Weihnachten gekauft, und doch leuchtet noch immer jede einzelne Schote auf, wenn ich sie einstecke. Er ist jetzt seit sechs Jahren tot. Unsere Liebe starb noch vor ihm – zumindest offiziell, laut Scheidungsurkunde. Und doch leuchtet mein Herz jedes Jahr an Weihnachten rot auf wie die Chilischoten, und ich erinnere mich an ihn.

– Marla West

Unser Dankbarkeitsglas

Eigentlich hatten wir vor, das Glas an Neujahr zu öffnen. Verkatert im Schlafanzug, wollten wir uns die kleinen Dankbarkeitsnotizen, die wir im Laufe des Jahres aufschreiben, vorlesen. Aber ich konnte nicht warten. Jedes Mal wenn ich sehe, wie er an einem schönen Abend innehält, um die Erinnerung in seiner feinen Handschrift niederzuschreiben, schraube ich das Glas auf, ziehe den Zettel (trotz seines halbherzigen Protests) heraus und lese ihn lächelnd vor: Dankbarkeit für unsere Gesundheit, unser Zuhause, unsere Familie, unseren Hund, unsere Freundschaft und Liebe. Warum sollten wir damit warten, uns vor Augen zu führen, wie gut wir es zusammen haben?

– Colleen Goodhue

Heute gibt's frischen Fisch

Wir sind Großeltern. In einem Alter, in dem Paare kaum noch umziehen. „Wir brauchen einen Tapetenwechsel", sagte ich, als der Tiefkühlfisch gerade in unserer Vorstadtküche in Maryland auftaute. „Warum verkaufen wir nicht das Haus? Wir sind im Ruhestand, die Kinder erwachsen. Und du weißt ja, dass ich immer davon geträumt habe, in Europa zu leben." Mein Traum, nicht seiner. Er machte eine undurchdringliche Mine. Drei Jahre später essen wir abends noch immer Fisch. Heute wird er allerdings in der Clew Bay gefangen, in der Nähe unseres neuen Zuhauses. Wir sind alt, wir sind jung, wir sind zusammen – in Irland.

– Roberta Beary

Den Kindergarten erobern

Es war der erste vieler Kindergarten- und Schultage. Mit Tippelschritten lief ich neben meinen Eltern in den Raum. Ich war fest entschlossen, den Kindergarten im Sturm zu erobern, und rief mir in Erinnerung, dass ich Freunde finden musste. Ich setzte mich neben ein Mädchen, das genauso klein war wie ich. Mit meinem Lieblingsthema im Hinterkopf sagte ich: „Kennst du meine Omi Alba?“ Meine potenzielle neue Freundin blickte mich mit großen Augen an. Meine Eltern an der Tür lachten. Ich nehme an, dass man, wenn man jemanden ganz doll lieb hat, glaubt, der ganzen Welt müsse es ganz genauso ergehen.

– Maria Paula Serrano

Ich liebe einen Mann mit Anker-Tattoo

Bevor ich meine Einzimmerwohnung in Queens verließ, schickte ich meinen Freunden eine E-Mail: „Wenn ich aus Maine zurückkomme, bringe ich einen Hummerfischer mit Ankertätowierung mit." Es war ein Witz, doch als ich dort war, sah ich ihn – von Kopf bis Fuß in gelbem Regenzeug (so wie der Typ auf den TK-Fisch-Kartons) –, wie er gerade von seiner alten Honda abstieg. Wenn er heute vom Fischen heimkommt, stürmt ihm unser Sohn in die Arme – der rechte von einer Ankertätowierung geziert.

– Laura Serino

Mein Sohn Phil und mein Vater Phillip schlafen in der U-Bahn.

Phil und Phillip

Mein Sohn Phil und ich reisten über die Feiertage aus Seattle zurück nach New York. Von Manhattan nach Brooklyn fuhren wir in einem überfüllten U-Bahn-Abteil. Ein Fremder überließ meinem Kind freundlicherweise seinen Platz. Phil bat seinen Großvater Phillip, sich hinzusetzen, und schlief dann auf dessen Schoß ein. Während unserer einstündigen Fahrt wurde kein anderer Sitz frei. Mein Vater hat Parkinson. Er kämpfte, doch er hielt meinen Sohn fest. Als wir aus der Bahn ausstiegen, zitterten seine Arme vor Anstrengung. Früher hat mich dieser Mann in überfüllten Bahnen in den Schlaf gewiegt. Als Kind hatten diese Bahnfahrten immer etwas Magisches gehabt.

– Kat Lieu

Junge trifft Mädchen. Mädchen und Mädchen sind noch immer unsterblich verliebt.

Junge trifft Mädchen. Sie daten am College. Junge lässt eine Bombe platzen: Er nimmt ein Jobangebot in Japan an. Möchte sie mitkommen? Mädchen denkt darüber nach und beschließt, der Sache eine Chance zu geben. Sie ziehen nach Japan, dann auf die Philippinen, dann zurück in die USA. Junge wird Mädchen. Auch Jahre später sind Mädchen und Mädchen noch immer unsterblich ineinander verliebt.

– Ash Kline

Fremde im Zug

Wir lernten uns in einem Zug von Paris nach Barcelona kennen. Als wir nebeneinandersaßen, stritten wir darüber, wer die Steckdose benutzen darf. „Désolé, je crois que c'est à moi." („Sorry, ich glaube, das ist meine.") Augenblicklich verknallt. Sechs perfekte, zauberhafte Stunden. Der Anfang einer Liebesgeschichte? Wir vereinbarten, uns in Paris wiederzusehen: Am 19. März sollte ich am Gare de Lyon auf seinen Zug warten. Wir wussten nicht, dass wir aufgrund des Coronavirus in unterschiedlichen Ländern stranden würden. Da wir der Macht des Universums vertrauten, hatten wir keine Telefonnummern ausgetauscht. Manchmal genügt ein romantischer Plan wohl doch nicht.

– Cecilia Pesao

Keine Geheimnisse mehr

Meine Großmutter benutzte nie weibliche Pronomen, wenn sie mich fragte, ob ich jemanden gefunden hätte. Sie benutzte neutrale Pronomen, fragte, ob dieser „jemand“ aufgetaucht wäre, ob ich bereit sei, ihr die Person, die ich liebte, vorzustellen. Sie hat mich nie gefragt, ob ich schwul sei, aber zweifelsohne wusste sie es, da sie mich besser kannte als alle anderen. Ihr Schweigen nahm sie mit ins Grab. Heute stehe ich mit dem Mann, den ich liebe, den sie niemals kennenlernen wird, vor ihrem Grabstein. Granny, Homosexualität ist auch heute noch tabu in Peru, aber immerhin stehen keine Geheimnisse mehr zwischen uns.

– Marco Huarancca

„Ums Frühstück betrogen“

Wir waren erst seit ein paar Wochen verheiratet. Eines Morgens brauchte ich das letzte bisschen Milch auf und ging, mein Mann noch unter der Dusche, zur Arbeit. Abends kam ich zurück und fand auf dem Tisch eine Kunstinstallation inklusive Titel in sauberer Handschrift auf einer gefalteten Karteikarte vor: „Ums Frühstück betrogen. 1993. Weizen auf Keramik.“ Daneben stand das Schälchen mit Müsli, das sich mein Mann aufgetan hatte – ohne Milch. Seit mehr als fünfundzwanzig Jahren behandeln wir häusliche Streitereien mit Humor. Unsere Liebe hat gehalten; und besser noch: auch der Spaß.

– Mary Janevic

Mehr als ein zerbrochenes Küchensieb

In der ersten Nacht in unserem gemeinsamen Zuhause zerbrach Steve versehentlich mein Nudelsieb. Es war der erste Gegenstand gewesen, den ich mir nach dem Selbstmord meiner Mutter, im Sommer vor dem College, gekauft hatte. Ihrem Tod war ich mit kontrollierter Eigenständigkeit begegnet. Als ich dem Plastiksieb dabei zusah, wie es aus Steves Händen glitt und am Boden zersprang, fühlte ich auch meine empfindliche Fassade zerspringen. Zwischen all den Tränen wollte Steve einfach nur verstehen, warum mir ein 12-Dollar-Küchenartikel so großen Kummer bereitete. Er hat keine Angst, in die düstersten Abgründe meines Lebens zu blicken. Steve sieht mich, wie ich bin.

– Elizabeth Jones

Eine kleine Hand in meiner

Zuerst war sie das kleine Gesicht, das ich auf Fotos sah, als ihre Mutter und ich anfingen, miteinander auszugehen. Als die Zeit reif war, war sie die winzige Gestalt, die zurückhaltend in der Ecke des Wohnzimmers stand – fragend, abwartend. Bald darauf war sie die kleine Hand in meiner, wenn wir die Straße überquerten; das Lächeln zum Beweis geputzter Zähne; die neugierige Stimme, die leise quasselte, bis wir einschliefen. Langsam fühlte es sich an, als würde sie zu mir gehören. Heute, sechs Monate nach der Trennung von ihrer Mutter weiß ich, dass das nicht stimmt. Aber ich hatte sie ungemein lieb.

– Nicole DeMouth

Das Foto, mit dem alles begann.

Das wichtigste Foto

Wir wären beide lieber nicht zu unserem Highschool-Klassentreffen gegangen. Ich fürchtete, die Geschichte meiner großen Schulliebe – er war an Bauchspeicheldrüsenkrebs gestorben – immer wieder aufs Neue erzählen zu müssen. Mein ehemaliger Klassenkamerad hatte sich nach Jahren in einer unglücklichen Ehe erst vor Kurzem getrennt. In der Highschool hatten wir nichts miteinander zu tun gehabt, aber dreißig Jahre später kreisten wir, zwei einsame Seelen, stundenlang umeinander, bis er dieses Foto von mir machte. Aus einer kurzen Unterhaltung wurde so ein zweites Leben. Heute sagt er: „Das wichtigste Foto, das ich je gemacht habe."

– Stacey Paterson-Korynkiewicz

Es brauchte Mumm

Am Valentinstag spürte ich einen stechenden Schmerz, wo keiner sein sollte. Es brauchte Mumm, meine Verlobung abzusagen – aber es war richtig: „Der Dickdarm muss raus“, sagten die Ärzte. Am liebsten hätte ich sie darum gebeten, mein Herz gleich mit rauszureißen. Zwei Wochen später erfuhr ich von der heimlichen Sucht meines Verlobten, der Stress verschlimmerte meine Darmentzündung, ich braucht eine Not-OP. Aufrecht in Plastikstühlen sitzend, schliefen meine Eltern neben meinem Bett. Die Hand meiner Mutter lag auf meiner, der Körper meines Vaters war an den Monitor gelehnt. Das ist Liebe, das ist Liebe, schallte es in meinem Herzen.

– Bethany Sales

Eine warme Mahlzeit für meinen Bruder

Kichernd tauschten mein großer Bruder und ich im Schein unserer Taschenlampen Comichefte zwischen unseren Betten. Er war mein Freund, zahllose kindliche Missetaten hatten uns zusammengeschweißt. Jahre danach, ich verließ gerade ein Bluesonzert, wurde mir bewusst, dass ich seit Ewigkeiten nichts mehr von ihm gehört hatte. Er hätte den Auftritt geliebt. Draußen kam ein Fremder auf mich zu: „Haben Sie Kleingeld für ein Sandwich übrig?“ Da fragte ich mich, wann mein obdachloser Bruder wohl zum letzten Mal etwas Warmes genießen konnte. Zur Freude des Fremden zog ich einen Zwanziger aus der Tasche. In dieser Nacht gab ich meinem Bruder zu essen.

– Cassandra Lund

Mein Mann, nicht mein Sohn

Seit ich 45 geworden bin, wird mein neun Monate jüngerer Mann immer wieder für meinen Sohn gehalten. Ich habe zwei Söhne Mitte zwanzig, aber Mike ist keiner von ihnen. Ich kann nicht behaupten, dass ich das gut aufgenommen oder es kampflos akzeptiert hätte. Botox hat meine Falten weicher gemacht, aber auch ich bin etwas weicher geworden. Heute, mit 56, betrachte ich das dichte Haar, die schlanke Figur und die glatte Haut meines Ehemanns als Bonus. Es gibt mir das Gefühl, begehrenswert zu sein. Vor zweiunddreißig Jahren haben wir uns füreinander entschieden. Und tun es noch immer.

– Jane Marion

Komplizin knipst Kakadu

Im Urlaub in Amerika wurde ich die Brieffreundin eines Liebhabers der australischen Natur. Zurück in Sydney, erzählte ich meiner 85-jährigen Großmutter, dass ich ihm Fotos einheimischer Vögel schicken wollte. Wochen später bekam ich eine Sprachnachricht von ihr: „Ich habe mein erstes Foto gemacht! Es ist ein Kakadu, den du diesem Jungen aus New York schicken kannst, den du so gern hast." Es war verschwommen und seine Reaktion war nicht gerade enthusiastisch. Dennoch werde ich mich immer daran erinnern, dass meine Großmutter lernte, ein iPhone zu bedienen, damit ich einen Mann in Übersee beeindrucken konnte. Die perfekte Komplizin.

– Hayley Noble

Der Lavendel war zu kurz

Ich hatte einen fiesen Sommerinfekt. Es war meine Idee, zur Lavendelfarm zu fahren. Der Lavendel war kürzer, als ich ihn in Erinnerung hatte. Ich konnte absolut nichts riechen. Wir waren zur falschen Zeit am richtigen Ort. Oder vielleicht einfach am völlig falschen Ort. Wir waren weggefahren, weil wir dachten, ein langes Wochenende würde uns guttun. Auch wenn unsere Ehe ihre positiven Seiten hatte, fühlte sie sich doch zunehmend falsch an. Unsere Landflucht war voller Drama, Tränen, vorzüglichem Essen und einem atemberaubenden Sonnenuntergang. Es war unser letzter gemeinsamer Urlaub. An diesem Ort, an diesem Wochenende fühlte sich das Ende richtig an. – Michelle Pomerleau

Ohren piercen oder weglaufen?

Was auf der Tafel in unserer Küche gestanden hatte, war weggewischt und durch eine Botschaft unserer 7-jährigen Tochter Isabel ersetzt worden: „Endweder ich darf meine Oren pirsen oder ich lauf weg? Ihr wält. PS: Wenn ihr ja sagd, müsst ihr sie wirklich machen lasen!!“ Dann zwei Optionen: „Oren pirsen“ oder „Weglaufen“. Darunter: „Bite ankräuzen“. An ihren älteren Bruder gerichtet: „Jeff, du musst ja ankräuzen, wenn du mich magst.“ Zu guter Letzt: „PS: Mir egal, wenn ich falsch buchsdabire.“ Stolz auf ihre Widerständigkeit und ihren Erfindergeist, erlaubten meine Frau und ich ihr, sich die „Oren pirsen“ zu lassen.

– Robert Schroeder

Komm zurück, komm zurück, komm zurück.

Als mein Bruder – einem modernen Odysseus gleich – nach Afghanistan in den Krieg zog, verwandelte ich mich schlagartig in Penelope. So wie Penelope ein niemals endendes Totentuch webte, während sie darauf wartete, dass ihr Soldat heimkehrte, entwickelte ich eine nie dagewesene Obsession fürs Stricken und schlang Wolle um Nadeln, um meinem Soldaten einen unendlichen Vorrat an unpraktischen und ungewollten Accessoires zu stricken – Schals, Handschuhe, sogar eine Camouflage-Mütze (mit Bommeln). Unfähig, ihn zu schützen, wurde aus den Maschenreihen mein Rosenkranzgebet: „Komm zurück, komm zurück, komm zurück." Als er wieder zu Hause war, legte ich meine Stricknadeln weg – und zwar für alle Zeiten.

– Kate Sturla

„Hast du alles?“
„Ich hab dich.“

Nach einundvierzig Ehejahren ist das kein Leuchten in unseren Augen, sondern bloß das Licht, das sich in unseren Brillengläsern spiegelt. Ist man jung, streitet man über die Kinder oder Geld, aber Sex richtet alles, und die Zukunft liegt in weiter Ferne. Wird man älter, streitet man darüber, ob der andere wirklich zuhört, und die Zukunft parkt in der Auffahrt. Man profitiert vom anderen, lernt aber auch, sich gegenseitig wertzuschätzen. Jahrelang fragte mich Bill, bevor er das Haus verließ: „Hast du alles?“ Und ich erwiderte: „Ich hab dich – das ist alles, was ich brauche.“ Und irgendwann, ganz nebenbei, wurde es wahr.

– Mary Ann Perri

Das Foto, das ein freundlicher Fremder von uns machte.

Darf ich ein Foto machen?

Wenn die Tage so lang sind, dass dir eines Wochenendes auffällt, du bist seit Monaten nicht mit deinem Partner, und zwar ohne die Kleine (so goldig sie auch ist), aus gewesen, und ein Fremder fragt: „Hey, wann wurde das letzte Foto von euch beiden gemacht?“, lächelst du, weil du dich an das letzte Mal nicht erinnern kannst und du ihn wirklich süß findest, auch wenn ihr euch manchmal streitet und Dinge sagt, die besser ungesagt blieben. Der Kamerablitz leuchtet, und ihr wendet euch wieder einander zu und der Tatsache, dass Liebe nicht scheitert, selbst wenn ihr es manchmal tut.

– Fantasia Norse

Warten auf Frieda

Nachdem alle im Bett waren, zog meine 96-jährige Tante Frieda ihre roten Absatzpantoffeln an, spähte aus der Tür ihres Altenheimzimmers und rannte nackt zu ihrem geliebten Shottsy, einem Mitbewohner. Für sie war er mein Onkel Joe, ihr dreißig Jahre zuvor verstorbener Ehemann. Shottsy freute sich bereits auf die Besuche meiner Tante und harrte erwartungsvoll unter seiner Bettdecke aus. Eines Nachts, als sie zu ihm kam, schrie Shottsy auf. Tante Frieda hatte die Kuchenglasur vom Nachtisch auf ihren Brüsten verteilt. Das Altenheim rief mich besorgt an. Tante Frieda jedoch bestand darauf, es sei doch nur ihr Jahrestag gewesen.

– Maya Belle

Was ich jetzt habe

Was ich früher hatte: einen ordentlichen Lebenslauf. Ungezügelte Beziehungen. Schönes Haar. Eine Gehaltszahlung. Fast vollkommene Ignoranz gegenüber allen anderen außer mir selbst. Einen intakten Beckenboden. Unumstößliche Meinungen zur Kindererziehung. Eine sich selbst regulierende Körpertemperatur. Eine leichte Missachtung gegenüber der Mutter, die freitags „von zu Hause arbeitete“, obwohl es in unserem Büro keine Homeoffice-Regelung für Freitage gab. Ein unbeirrbares Vertrauen in den alten Hut des kapitalistischen Patriarchats: „Ich kann alles haben!“ Eine Ahnung, wer ich bin oder wer ich sein werde. Was ich jetzt habe: ein Baby.

– Lesley Foster

Stadtmensch kracht durch Bauernhofgarage

Als wir ihren elterlichen Bauernhof in New South Wales besuchten, fühlte ich mich ach so großstädtisch. In Sydney geboren und aufgewachsen, hatte ich keinen Staub auf meinen Stiefeln, keinen Schmutz unter den Fingernägeln. „Fährst du Trecker?", fragte ihr Großvater und zeigte auf ein Nutzfahrzeug. „Klar", log ich. Als ich durch die Rückwand ihrer Garage krachte, dachte ich, es wäre vorbei. Immerhin wäre es eine gute Anekdote: „Ich hatte was mit dieser Frau – bis ihr Großvater mich umbrachte." Er kam, einen eindrucksvollen Schwall Schimpfwörter ausstoßend, herübergerannt. Dann sah ich, wie sie sich vor Lachen krümmte, und wusste, dass alles gut war.

– Thomas Mitchell

Essen = Liebe

Einmal im Monat kommt meine Familie im immer gleichen koreanischen Barbecue-Restaurant in Bayside in Queens zusammen. Meine Mutter belädt meinen Teller schneller mit Rippchen, als ich essen kann. Mein Vater tut das Gleiche bei meiner Schwester. Wir versuchen, sie mit unseren Stäbchen abzuwehren, aber die betagten koreanischen Hände meiner Eltern sind in ihrer Geschicklichkeit unübertroffen. Für jeden ihrer Bissen nehmen wir fünf zu uns. Sie beobachten uns beim Essen, dann laden sie uns mehr auf. Wenn sie sehen, dass wir voll sind, strahlen sie. Und obwohl sie kaum etwas angerührt haben, sehen auch sie mit einem Mal satt aus.

– Royce Park

Der Schwiegervater gehört mir

Ich lernte den Vater meines neuen Partners bei einem Familienfest kennen; wir saßen zusammen, unterhielten uns angeregt. Als ich ihn zum Abschied umarmte, dachte ich: „Ich werde deinen Sohn heiraten." Und das tat ich. Als mein Schwiegervater pensioniert wurde, trafen wir uns manchmal zum Frühstück, zwischenzeitlich wöchentlich. Ich erzählte ihm, als ich an unserer Ehe zweifelte. Er hielt meine Hand. Als mein Ex und ich uns vor zwei Jahren trennten, sagte er: „Keine Angst, ich würde mich nie zwischen dich und meinen Dad stellen." Ich darauf: „Das ist auch nicht möglich. Bei unserer Scheidung bekomme ich Norman, du das Besuchsrecht."

– Alia Covel

Was tun, in den letzten drei Stunden?

Wir dachten, wir hätten einen flatternden Herzschlag gehört, doch jetzt war er weg. Unser Arzt starrte eine Ewigkeit auf den Bildschirm, dann riet er uns, das nicht länger lebensfähige Kind zur Welt zu bringen. Wir sollten in drei Stunden wiederkommen. Was sollte ich mit den letzten drei Stunden meiner Schwangerschaft anstellen? Mein Mann brachte mich zu einem nahe gelegenen Golfübungsplatz. Mit jedem Schwung schlugen wir Wut und Schmerz heraus. Um zwei Uhr nachmittags, als unser Baby meinen Körper verließ, hielt mein Mann meine Hand und streichelte mein Haar. Nie habe ich mich mehr von ihm geliebt gefühlt als in diesem Moment. – Amanda Lockwood

Die Schätze, die er uns hinterlassen wird

Vierzig Jahre lang suchte mein Vater eine Woche im Frühling am Strand nach Muscheln. Meine Schwester versuchte mitzuhalten; mein Bruder malte mit Stöcken im Sand. Ich lief hinterher und sammelte die zerbrochenen Muscheln auf, die mein Vater beiseitegeworfen hatte. Heute führen wir die Hände unseres Vaters über seine Schätze. Ich lese ihm die Namen der Muscheln vor: Wellhornschnecke, Hufmuschel, Archenmuschel. Mein Vater, er hat Parkinson und ist dement, hört einfach zu, schließt die Augen und lächelt. Bald werden meine Geschwister und ich den Strand erneut absuchen. Wir wollen unbedingt herausfinden, was das Meer und mein Vater uns übrig gelassen haben.

– Carrie Friedman

Diese Geschichte werden wir nicht gemeinsam beenden

Der neunzehnjährige Altersunterschied entsetzte meine Mutter. „Es wird deinen Vater umbringen!" Doch mein Vater nahm es gelassen. „Wir verstehen vielleicht nicht immer, was Gayle tut", sagte er bei meiner Hochzeit lächelnd. „Aber es funktioniert immer." Mit der Zeit fiel der Altersunterschied niemandem mehr auf – uns ohnehin nicht. Vierunddreißig Jahre später macht er sich wieder bemerkbar. Wir wissen, dass wir diese Geschichte nicht gemeinsam beenden werden. Ich knarze ein bisschen, er ein bisschen mehr. Und doch sind wir auf einer Wellenlänge wie eh und je: Diskussionen, Reisen, Kunst, gemeinsames Essen. Wir weigern uns, jammernd abzutreten; wir werden untergehen – aber glücklich.

– Gayle Austen

Als Pugsley und Wednesday Addams verkleidet.

Neue Geburtsanzeige, neuer Name, gehört noch immer zu uns

Als du geboren wurdest, verschickten wir Anzeigen – deinen Namen, dein Gewicht und das Geburtsdatum eingeprägt in dicke weiße Karten mit hellrosa Streifen und Punkten. „Es ist ein Mädchen", sagten wir. Wir waren überglücklich. Doch das Rosa war falsch. Der Name auch. Jetzt wissen wir: Es ist ein Junge. Es wird keine pastellfarbenen Grußkarten geben. Wir werden es allen von Angesicht zu Angesicht sagen. Er gehört zu uns.

– Maria Blackburn

Wenn die Vermieterin Amor spielt

Wir lernten uns kennen, als wir um eine Wohnung konkurrierten. Ich versuchte, ihn zu verunsichern, damit er sich nicht für die Wohnung bewarb, er aber dachte, ich würde flirten. Fünfzehn Minuten später, ich gab gerade meinen Bewerbungsbogen ab, dachte die Vermieterin, wir wären gemeinsam auf Wohnungssuche. „Nein, wir treffen uns zum ersten Mal!“, sagte ich. „Ich kenne diesen Mann nicht.“ „Schade“, antwortete sie. „Ihr würdet ein tolles Paar abgeben.“ Ich bekam die Wohnung; er meine Telefonnummer. Sie sollte recht behalten – wir sind seit acht Jahren zusammen, seit vier verheiratet und hoffen nun darauf, ein Baby adoptieren zu können.

– Leah Wade

Ein Lichtschacht

Wir waren siebenjährige Einzelkinder und lebten in Montreal in benachbarten Wohnungen, die sich einen Lichtschacht zwischen den Badezimmern teilten. Margaret hatte lockiges, rotbraunes Haar und eine Brille, und wir hatten einander einfach gern. Sobald unsere elterlich abgesegnete, gemeinsame Zeit endete, rannten wir in unser jeweiliges Bad, stellten uns auf unseren jeweiligen Klodeckel und plauderten von Fenster zu Fenster, bis wir weggerufen wurden. Irgendwann zog ihre Familie aus und meine verließ Kanada. Zweiundsechzig Jahre später wird mir klar: Dieser Lichtschacht war unser soziales Medium, die Fenster unsere Bildschirme, damals in unserer analogen Liebesgeschichte.

– Dov Midalia

Eine lange To-do-Liste

In der Nacht, in der wir beide aus der Klinik entlassen wurden, wo wir Patienten und zugleich Gefangene gewesen waren, warfst du dich in das blendende Licht zweier Scheinwerfer. Tage später besuchte ich dich in einem neuen weißen Raum. Du zeigtest mir eine Liste mit Dingen, die du tun wolltest. Sie war lang, und ich war erleichtert. Du hattest „Greta küssen" notiert, und ich sah dich an, überrascht. Da haktest du dein erstes To-do ab, und ich dachte an Zeit, wie deine und meine sich überschnitten hatten und wie dabei eine ungeahnte Verbindung und ein Glück entstanden waren, die uns so lange gefehlt hatten.

– Greta Kerr

Beziehungen sind wie Schuhe

Meine Mutter sagte zu mir, Beziehungen seien wie Schuhe: „Egal wie schön sie sind oder wie sehr du sie liebst, wenn sie nicht passen, werden sie dir bei jedem Schritt Schmerzen bereiten. Und außer dir wird keiner davon wissen." Die achtjährige Beziehung zu meinem Freund bereitete mir Schmerzen, doch die hatte ich ignoriert. Als er mich betrog, verstand ich endlich, was meine Mutter gemeint hatte. Ich hasse ihn und die Frau nicht mehr. Ich habe die Schuhe ausgezogen und bin frei.

– Karleen Chiu

Ein gemütliches, überfülltes Bett

Meine Freundin June sagte: „Werde das Grau los. Alle lügen beim Alter." Ich behielt das Grau, gab aber an, 71 zu sein wie meine jüngere Schwester. Eine andere Freundin, Alice, riet: „Verschwende deine Zeit nicht auf diesen Dating-Websites." Online tat sich nicht viel. Dann ein Mann, Professor, in meinem Alter, vierundvierzig Jahre verheiratet, bis zum Tod seiner Frau. Er wollte mit mir ausgehen. Ich, Professorin, nach sechsunddreißig Jahren verwitwet, ließ mich auf einen Kaffee ein. Wie sich herausstellt, wohnt er zwei Straßen weiter. Jetzt ist das Bett recht voll: seine Frau, mein Mann, wir. Es ist eigentlich ganz gemütlich.

– Nan Bauer-Maglin

Die allerbeste Investition

Vor langer Zeit einmal kaufte ich an einer Raststätte in New Jersey einen Penny, aus dem ein Herz ausgestanzt war. Bevor ich nach meinem zweiten Studienjahr am College in die Sommerpause ging, gab ich ihn diesem Jungen, mit dem ich rumhing, und witzelte, er solle ihn nicht gleich auf einmal ausgeben. Zwanzig Jahre später – ich benutze das Auto meines Ehemanns, der gerade in Florida ist, um sich ein Baseballspiel unseres Sohnes anzusehen – entdecke ich den Penny an seinem Schlüsselbund. Eine ziemlich gute Rendite für eine Investition von nur einem Penny. – Melanie McGrath

Zusehen, wie sich andere in meinen Mann verlieben

Gerade einmal 18 Jahre alt, verliebte ich mich. Wir beide waren in konservativen christlichen Elternhäusern aufgewachsen und sagten mit 20: „Ja, ich will." Zwölf Jahre und zwei Kinder später sind wir noch immer verliebt. Doch ich verliebte mich auch in andere Menschen. Heute leben wir daher polyamourös. Ich habe einen Freund. Mein Ehemann eine Freundin. Und wir beide teilen uns eine Beziehung zu einer anderen Frau. Was mir wohl am besten gefällt, ist es, anderen dabei zuzusehen, wie sie sich in den gleichen Mann verlieben, der vor Jahren mein Herz eroberte. Es ist so: „Ha, dir geht's wie mir, stimmt's?"

– Jennifer Martin

Zeit weiterzuziehen

Tom, mit dem ich 31 Jahre verheiratet war, starb früh an einem Januarmorgen infolge eines Sturzes bei uns zu Hause. Zwei Tage später bekam ich eine E-Mail von einer Partnervermittlung für Über-50-Jährige. Die Betreffzeile fragte: „Sind Sie bereit, es wieder mit der Liebe zu versuchen?“ Ich brach in Gelächter aus. Was für ein Zufall. Oder tauschen vielleicht alle Computer untereinander Informationen aus? Möglicherweise ist man im Internet zu dem Schluss gekommen, dass man nach achtundvierzig Stunden bereit sei weiterzuziehen. Als ich fertig gelacht hatte, dachte ich: „Das muss ich Tom erzählen. Er wird's saukomisch finden.“ Ach, das passiert mir häufig in letzter Zeit.

– Nora Raum

Mein König in der Uniroyal-Jacke

Dad, erinnerst du dich noch daran, als du (wie damals so oft) spät von der Arbeit nach Hause gekommen bist und mich aus dem Bett geholt, in eine Decke gewickelt und auf den Beifahrersitz eines geliehenen Motorrads gesetzt hast? Wir fuhren zu einem A&W und saßen mit Root Beer Floats auf einer Bank unter eidottergelb leuchtenden Lichtern: die orangefarbene Markise flatterte im Wind; der mondhelle Himmel; die Kindheit schien nie zu enden; der Geruch nach Arbeit an deinem Hemd; ich, der Prinz des Augenblicks; und du, der König in der Uniroyal-Jacke.

– Theodore Groves

Da wir nicht heiraten konnten, heiratete sie einen Mann

Als wir in einem Café nah beinandersaßen, fragte ich sie, ob sie sich sicher sei. Wir waren seit fünf Jahren Geliebte, seit zehn Freundinnen. „Meine Hochzeit ist in zwei Tagen“, antwortete sie. „Ich hoffe, du kannst kommen.“ Dann sagte sie: „Wärst du ein Mann, hätten wir jetzt zwei Kinder, wären ebenfalls verheiratet.“ Ich lächelte, und sie erwiderte das Lächeln, ihr Gesicht ein Ausdruck des Bedauerns. Wir waren zwei Filipinas und hatten kein Recht zu heiraten. – April Casquejo

Karamellisierter Honig

Wir lernten an der gleichen Kochschule, trafen uns aber auch später noch bei unserer Arbeit auf kulinarischen Events. Ich entwickelte neue Lebensmittelprodukte, sie stylte sie für Fotoshootings. Über zehn Jahre ignorierte ich meine Gefühle für diese schöne, kluge, witzige, talentierte Frau – und heiratete. Eines Abends, bei einer Kochbuchpremierenfeier, standen wir in einem dunklen Atelier in Austin, Texas. Sie erzählte mir von ihrem neuen Lieblingsgericht: Hähnchenflügel mit karamellisiertem Honig. Als sie meinen Arm berührte, wurde mir ganz flau. Doch ich konnte nichts tun. Einen Monat später erinnerte ich mich an den Moment und kochte das Gericht. Es war köstlich.

– John Bartel

Etwas zu geben

Als ich meine Großmutter zum letzten Mal sah, hatte sie keine Ahnung, wer ich war. Sie hatte alles verloren: ihre Erinnerungen, ihr Lachen, ihr Gewicht. Sie zitterte unaufhörlich. „Kalt“, flüsterte sie. „Kalt.“ Immer wieder versuchte ich, ihr eine Decke zu reichen, doch jedes Mal bekam sie Angst und gab sie mir zurück. Das wiederholten wir, bis sie sich mir mit letzter Kraft entgegenstreckte, um mir die Decke umzulegen. Zum ersten Mal entspannte sie sich, lächelte - völlig zufrieden, noch immer zitternd. Selbst nachdem ihr alles genommen worden war, fand sie etwas, das sie geben konnte.

- Julia Camp

Er fing mein Niesen auf

Zu Beginn, während unserer morgendlichen Pendelstrecke im Zug, ich klammerte mich mit einer Hand an der Haltestange fest, mit der anderen an meinem Kaffee, spürte ich ein Kribbeln in der Nase. „Ich muss niesen!“, sagte ich, besorgt um mein Koffein. Spontan hielt er seine Hand unter meine Nase, um die Explosion aufzufangen. Wir waren beide angeekelt. „Ich wollte nur, dass du meinen Kaffee nimmst“, sagte ich. „Oh“, erwiderte er. „Wäre ich da mal drauf gekommen.“ Nicht länger in der Anfangsphase, ist nun ein Baby unterwegs. Ich bin glücklich, jemanden gefunden zu haben, der bereit ist, sich die Hände schmutzig zu machen.

– Yasmin Sabir

Kein Wir. Nur Ich.

Bei unserem ersten Date bat er mich, ihn zu heiraten. In den darauffolgenden fünfundzwanzig Jahren zogen wir (größtenteils ich) vier Töchter groß und lebten auf zwei Kontinenten, in drei Ländern und sieben Bundesstaaten. Wir (größtenteils er) hatten beruflichen Erfolg, stiegen auf. Wir (größtenteils ich) betrauerten die Behinderung eines unserer Kinder und lernten, sie anzunehmen. Und dann lebten wir uns (beide) genau dann auseinander, als wir die Früchte unserer Arbeit hätten genießen können. Er verließ mich am 1. April letzten Jahres, sechs Tage nachdem wir unser (jetzt mein) Traumrestaurant eröffnet hatten. Es gibt kein Wir mehr. Nur Ich.

– Jennifer Brulé

Leben retten, Leben genießen

Nervös beschloss ich, den Sommer vor meinem letzten Studienjahr im Ausland zu verbringen. Vier Jahre waren seit meinem Kampf gegen die Magersucht vergangen. Mein Körper war geheilt, doch im Kopf führte ich weiterhin Krieg. Italien schmeichelte mir wie ein Liebhaber, den kennenzulernen ich nicht erwartet hatte. Rom umwarb mich auf seinen Pflasterstraßen. Capri liebkoste mich mit seinem Meer. Florenz fütterte mir löffelweise Eis. In einem weit entfernten Land begann mein Körper, sich endlich wie ein Zuhause anzufühlen. Ich hatte mein Leben gerettet, doch Italien brachte mir bei, wie man es genießt.

– Stephanie Kennedy

Zum Glück trug ich meine pinken Turnschuhe

Als wir uns im Seminar über Musiktheorie begegneten, sagte er, ihm gefielen meine pinken Turnschuhe. „Danke“, erwiderte ich. „Ich trage sie, damit die anderen glauben, ich wäre sportlich!“ Kurz darauf starb sein Mitbewohner bei einem Unfall an der Küste Oregons. Ein Jahr zuvor hatte ich meinen Freund bei einem Autounfall verloren. Ich hörte zu. Wir wurden Freunde, Mitbewohner, beste Freunde, und dann wurde es, für mich zumindest, mehr. „Ich komme gleich zum Punkt“, sagte ich. „Wir können nicht mehr zusammenwohnen. Ich bin total in dich verliebt.“ Er lächelte. Die letzten zweieinhalb Jahre waren das reinste Glück.

– Chloe Smithson

„Erzähl's mir, Liebling."

Seit ich denken kann, habe ich meinen Bruder vergöttert. Wir sind heute in unseren Fünfzigern. Letzten Sommer wurde er krank, geriet in die Fänge einer Manie, und sein außergewöhnliches Bewusstsein gaukelte ihm vor, seine Frau und ich intrigierten gegen ihn. Ich weinte pausenlos, krank vor Sorge. Monatelang musste ich unbedingt darüber reden – manchmal einmal am Tag, manchmal siebenundzwanzigmal. Wann immer ich vor der Genesung meines Bruders einen Satz mit „Mein Bruder ..." begann, legte mein langjähriger Ehemann sein Telefon, seinen Kaffee, die Zeitung oder seine Aktentasche beiseite, blickte mir in die Augen und sagte: „Erzähl's mir, Liebling."

– Sarah Brazaitis

Hallo, Ruby

Unerträgliche Schmerzen in der rechten Schulter führten mich in der 37. Schwangerschaftswoche zu meiner Ärztin. „HELLP-Syndrom", sagte sie. Lebensbedrohlich. Notkaiserschnitt. Bluttransfusionen. Gerinnsel in der Leber. Selten. Ich war noch nicht bereit für mein kleines Mädchen. Ich suchte in den Augen der Krankenschwester nach Hinweisen, fragte: „Werde ich sterben? Werde ich ihr eine Mutter sein können?" Mein Baby überlebte. Ich beinahe nicht. Es folgten Wochen, in denen ich Ruby nicht halten konnte. Ich war zu schwach. War nicht bereit. Wollte nicht. Eines Tages sah mich das winzige Mädchen mit einem zaghaften Lächeln an. Da wusste ich, alles wird gut.

– Stefanie Torres

Kein Witz

Wir heißen beide Phoebe, was schon immer zu Ungläubigkeit, Gelächter und Verwirrung geführt hat. Es war schon schwer genug, als wir uns mit Ende zwanzig outeten, aber eine Beziehung zwischen zwei Menschen mit dem gleichen Namen? Es heißt: „Du machst Witze, oder?" Aber es ist kein Witz, dass sie, als wir unseren Kühlschrank beim Renovieren umstellten, sah, dass ich in Regenbogenfarben an die Wand geschrieben hatte, ob sie mich heiraten wolle. Und es ist kein Witz, dass sie Ja gesagt hat. Ich mache auch keinen Witz, wenn ich sage, dass mein Leben jetzt so ziemlich perfekt ist.

– Phoebe Wallner

Sich in einem Dorf trennen

Sich in einem kleinen Bergdorf zu trennen, ist schwer. Noch immer drehe ich bei jedem weißen Pick-up-Truck den Kopf, suche im Bett nach deiner zerkratzten schwarzen Werkzeugkiste und nach den ineinander verschlungenen Geistern unserer selbst, die unter vergangenen Sternen schlafen. Eines Tages haben wir vielleicht Kinder, aber nicht zusammen. Und diese Kinder wachsen womöglich in dem Tal auf, in dem wir uns verliebten. Vielleicht fahren sie nach der Schule sogar zusammen Ski. Ich werde dir neben deinem neuen Truck über den Parkplatz am Skihügel hinweg zulächeln. Dein langes kastanienbraunes Haar kürzer, grauer, wirst du noch immer Schnurrbart tragen und zurücklächeln.

– Michelle DeLong

Vor unserer Galerie, Steven steht links.

Das achtundvierzigste Date

Als einsamer schwuler Mann, der selten in Bars, Fitnessstudios oder Kinos geht, beauftragte ich eine Partnervermittlung. Ich aß siebenundvierzig Mahlzeiten mit siebenundvierzig Männern, von denen keiner passte. Dann traf ich Steve zum Abendessen, einen Mann, mit dem ich auf dem Papier wenig gemeinsam hatte, in natura dafür jedoch umso mehr. Unsere dreißigjährige Beziehung haben wir in Vermont mit einer Lebenspartnerschaft, in New Jersey mit einer gleichgeschlechtlichen und in den Vereinigten Staaten schließlich mit einer legalen Eheschließung besiegelt. Wir haben jede Urkunde gerahmt und so eine persönliche Ausstellung in der umfassenderen Galerie des Fortschritts der Bürgerrechte für die LGBTQ-Gemeinschaft geschaffen. - Lou Storey

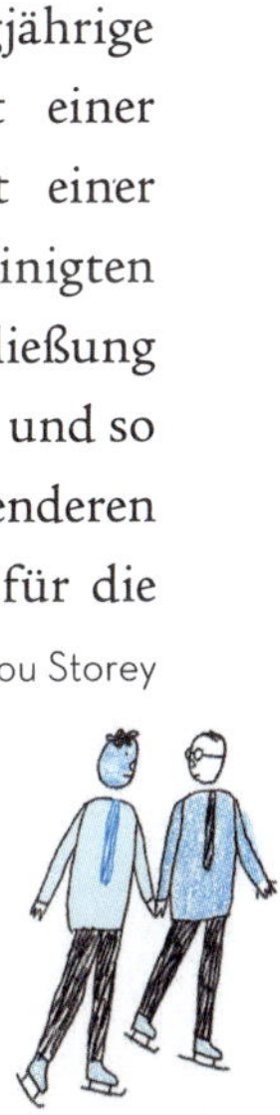

Ein „Hey“ ist kein „Heyy“

„Heyy“, begann seine Nachricht. Mein Herz hüpfte. Ein y hätte mich vielleicht verärgert, ein zweites, das war vielversprechend. Eine solch simple und doch mehrdeutige Begrüßung. Wollte er abhängen? Würde er mir seine Liebe gestehen? Oh! Er tippte wieder. Noch eine Textnachricht. Es war mein Glückstag. Beim Warten auf seine nächste Nachricht kam ich ganz schön ins Schwitzen. Wie sollte ich reagieren? Mit „Hi!“? Mit „Ich bin in dich verliebt!“? Meine Nachricht musste ebenso interessant sein wie seine. Seine zweite Nachricht ging ein. „Sorry, das zweite y war keine Absicht.“ Oh.

– Julia DiGeronimo

Indien, ein Schmerz

In Mumbai zu landen, ist wie ausatmen. Dabei wusste ich nicht, dass ich die Luft angehalten hatte. Für meinen Mann bedeutet Indien Schmutz, Armut, Lärm. Für mich ist es der Duft frittierter Seebrassen im Masala-Mantel, die Großzügigkeit ruppiger Taxifahrer: „Nein, Madam, behalten Sie das Wechselgeld", die ewigen Rufe der Krähen, die Straßenhändler, die Türglocken. In Amerika höre ich Musik, um die Stille zu füllen. Für mich bedeutet Indien nicht länger Land, sondern Schmerz. Ich habe den Ort, den ich liebe, für den Mann, den ich liebe, verlassen. Ich möchte nicht klagen, nur sagen, dass die bedingungslosesten Lieben die schmerzlichsten sind.

– Kanika Punwani Sharma

Sie wässert mich jeden Tag

Meine Freundin Emma bringt mich jeden Tag dazu, Wasser zu trinken. Ich mag sie nicht, diese magische Flüssigkeit, die Wissenschaftlern zufolge so wichtig für unser Leben ist. Wenn es nach mir ginge, würde der Tag mit drei Tassen Kaffee beginnen, dann nachmittags vielleicht eine Tasse Tee, gefolgt von ein paar Schluck Limonade zum Abendessen. Doch die Entscheidung liegt nicht bei mir. Um vier fragt Emma: „Wie viel Wasser hast du heute schon getrunken?“ Ist mir schwindlig, drückt sie mir ihre Wasserflasche in die Hand. Sie liebt mich, und darum wässert sie mich, als wäre ich ihre Lieblingspflanze.

– Mary Drue Hall

Erst Lärm, dann Stille

Mein Mann und ich sahen zu, wie unser Sohn und seine fünfköpfige Familie den Van für ihre siebenstündige Heimfahrt beluden. Eine Woche lang hatte unser Haus vom Lärm kleiner Füße auf Treppenstufen vibriert, war von Vorlesegeschichten erfüllt, vom Klirren der Löffel, die gegen leere Müslischalen klapperten. Dann wurde das Dreirad meines jüngsten Enkelkinds in den Kofferraum gepackt, die Klappe zugeschlagen, der Motor gestartet. Wir verteilten letzte Umarmungen. Als das Auto wegfuhr, fühlte ich den Verlust plötzlich und scharf. Tagelang waren wir vom kostbaren Leben dieser Familie eingenommen worden – und jetzt waren sie weg.

- Penelope Lemov

Die Macht des Bitmoji

Vor langer, langer Zeit, als ich zu Hause war und mich um unser Baby kümmerte, schickte mir mein Partner einmal eine süße Textnachricht. Seinen Bitmoji-Avatar zu sehen, ließ meinen Oxytocinspiegel in die Höhe und Milch aus meiner Brust schießen. Wenn das kein Zeichen der Liebe ist, dann weiß ich auch nicht. – Jenn Clifford

Die jüngste Rechtswissenschaftlerin

Da wir keine Familie in der Nähe oder viel Geld übrig hatten, nahm ich meine neugeborene Tochter mit in meine Juraseminare und hielt sie im Unterricht auf dem Schoß. Janes Anwesenheit mag andere Studierende abgelenkt haben, aber sie brachte ihnen auch Freude. (Ohne eine Prise Menschlichkeit kann Zivilprozessrecht ziemlich trocken sein.) Jane weinte nie – weder im Unterricht, noch wenn ich spätabends Hausarbeiten schrieb und auf meinen Mann, einen Assistenzarzt, wartete. Heute findet meine Tochter meinen Job als Anwältin langweilig, und doch machte erst ihre stille Geduld ihn möglich. – Kate Vaughan

Sich von Symbolen verabschieden

Bereits zu Beginn unserer Ehe deuteten sich Katastrophen an. Mein Ring passte nicht. Als der Juwelier ihn dehnte, brach er. In unseren Flitterwochen wurde Cancún von einem Wirbelsturm getroffen. Nach Nassau umgeleitet, flohen wir vor einem Feuer aus dem Hotel; in unserer neuen Bleibe war das Bett mit Putz übersät. Beim Schnorcheln verlor Jim seinen Ehering, bei Sonnenuntergang brach er die Suche ab. Letzten Sommer hörte ich aus Bequemlichkeit auf, meinen Ehering zu tragen. Während einer Schottlandreise zum Hochzeitstag bemerkte Jim es und war gekränkt. Dabei habe ich mich nur von Symbolen verabschiedet. Dreißig Jahre sind Beweis genug.

– Linda Lowen

Erst überleben, dann gedeihen

Ich musste für unser Überleben sorgen. Meine Tochter Elizabeth und ich hatten mit meiner Mutter und Großmutter zusammengelebt, die beide innerhalb eines Jahres starben. Ich war verloren, allein mit meinem Kind, der Liebe meines Lebens. Ich verliebte mich in Mr Wonderful, dachte, er würde Freude in mein Leben zurückbringen. Stattdessen brachte er Hämatome, Knochenbrüche, ein noch geschundeneres Herz. Wieder war ich auf mich gestellt und ließ Elizabeth ganz furchtbar hängen. Fünf Jahre lang irrte ich umher. Eines Tages räumte ich Elizabeths Rucksack aus und entdeckte ihren Schulaufsatz: „Warum meine Mom meine Heldin ist“. Wir hatten überlebt – und nicht nur das.

– Julie McMurray

Eine Frage im Ruß

Brennendes Fett auf dem Herd setzte unsere kleine Hütte am Fluss in Brand. Meilenweit von der nächsten Feuerwehrstation Alabamas entfernt, versuchten wir, die Flammen mit dem Gartenschlauch zu löschen. Stunden später, umgeben von rußgeschwärzten Wänden und dem Gestank von verbrannten Möbeln und Plastik, schliefen wir schließlich ein. Am nächsten Morgen weinte ich, als wir in dem standen, was von unserer Küche übrig war. Mein Liebster streckte sich zu der rußigen Decke und schrieb mit einem Finger: „Willst du mich heiraten?“ Ich hörte gerade so lange auf zu weinen, um nach oben zu greifen und „Einverstanden“ zu schreiben. – Gita Maritzer Smith

Ruf deine Großmutter an

Ihr ist nicht bewusst, wie viel ein Anruf einer weit entfernt lebenden Großmutter bedeuten kann. Er kam unerwartet und war doch mehr als willkommen. Meine 14-jährige Enkeltochter rief mich aus eigenem Antrieb mit ihrem neu gekauften, ersten Handy an. Es war keine Textnachricht auf Facebook, Twitter, Skype oder Instagram, die ich allesamt nicht richtig verstehe. Es war ein echter, altmodischer Anruf, der erste von ihr überhaupt. Sie rief an, um den Schaden an der Notre Dame zu beklagen, weil wir vor Kurzem dort gewesen waren, nur wir beide auf einer Reise nach Paris. Wir teilten unsere Traurigkeit und unsere Liebe.

– Iris Shur

Mein Sohn, der Hausbesitzer

Mein Sohn hat sich vor Kurzem ein Haus gekauft. Mein 32-Jähriger mit bescheidenem Einkommen hat genug für eine Anzahlung beiseitegelegt. Mein Kind, das so lange um staatliche Hilfen für Käufer einer ersten Immobilie kämpfte, bis es einen entsprechenden Zuschuss erhielt. Mein Erstgeborener, an dessen Zukunft ich zweifelte – würde er jemals unabhängig werden? – traf Kreditberater, sprach mit Bankern, engagierte einen Makler. Mein Matthew schloss den Kauf eines kleinen Bungalows mit einem Badezimmer, Hartholzböden, einer schicken Küche und einer überdachten Veranda ab. Mein Sohn, bei dem im Alter von 11 Jahren ein Gehirntumor diagnostiziert wurde, übertrifft all meine Erwartungen.

– Karen DeBonis

Dazu verdammt, in Dunkelheit zu leben und zu sterben

In der Highschool sahen wir uns im Kino *Brokeback Mountain* an, ein geheimes Date. Die Geschichte auf der Leinwand spielte im ländlichen Wyoming Anfang der 1960er-Jahre. Wir lebten im liberalen Bundestaat New York, Mitte der Nullerjahre. Als der Film begann, ließen wir uns in der Dunkelheit des Kinos nieder, unsere Beine berührten sich, wir hielten Händchen. Mein Kopf lag auf seiner Schulter. Als der Film endete und die Lichter angingen, waren wir schon auseinandergewichen. Eine Welt und Generationen von den Cowboys auf der Leinwand entfernt, war auch das, was wir teilten, dazu verdammt, in Dunkelheit zu leben und zu sterben.

– Seamus Kirst

Mein Sohn und ich nach seiner College-Abschlussfeier am Bahnhof St Pancras in London.

„Ich schaff das nicht allein"

Als ich meinen Einkaufstrolley durch das rosafarbene Gartentor unseres Reihenhauses in Melbourne und die Straße hinauf zum Supermarkt zog, beschloss mein dreijähriger Sohn, seine Unabhängigkeit zu behaupten, indem er sich weigerte, hinter unserem Zaun hervorzukommen. Knietief versunken in meinem Leben als Alleinerziehende, war ich am Ende meiner Kräfte, ihn zu überreden, zu beschwatzen, zu ermutigen oder ihm zu befehlen, drehte mich um und blickte ihm in die Augen. „Ich schaff das nicht allein", sagte ich. „Wir müssen zusammenarbeiten." Er erwiderte meinen Blick, ließ von seinem Trotzanfall ab und rannte zu mir. Seitdem sind wir ein Team. – Elizabeth Keen

Schlafen im Wandel der Jahreszeiten

Im Herbst bekommt sie kalte Füße, wenn wir im Bett liegen, und so windet sie ihre Beine um meine und gräbt ihre Zehen in die Innenseiten meiner Waden. Im Winter trägt sie flauschige Socken und wärmt meine Ohren, weil plötzlich ich es bin, die friert. Im Frühling, wenn es wärmer wird, wühle ich mich durch das Bettzeug, um ihr die monströsen Socken von den Füßen zu pflücken. Am liebsten ist mir der Sommer. Denn im Sommer schlafen wir nackt.

- Megan Schippmann

Eine geöffnete Tür

Wir folgten anderen angehenden Assistenzhund-Teams in einem Kreis. Jedes Mal wenn wir anhielten, drückte Aslan seinen goldenen Kopf an meine Hüfte. „Nimm mich“, schienen seine braunen Augen zu sagen. „Ich gehöre zu dir.“ Ich war seiner Meinung. Doch wir mussten erst noch beweisen, dass wir als Team zusammenarbeiten könnten. Ich rollte auf eine geschlossene Tür zu, Aslan an meiner Seite. Er warf seinen mächtigen Hundekopf nach hinten, drückte mit der Schnauze auf den Türöffner und blickte dann zurück zu mir, um sicherzugehen, dass ich es bemerkt hatte. Da wusste ich, das ist meiner. Die Tür öffnete sich.

- Jeanne Marie McArdle

Während unsere Welt schrumpft, wird ihre größer

Unsere 3 Monate alte Tochter hat beschlossen, nicht mehr zu schlafen. Nicht für immer, hoffentlich. Aber vorerst. Wie alle in dieser Pandemie lernen auch wir als frischgebackene Eltern, einen Tag nach dem anderen zu nehmen. Während unsere Welt auf zweistündige Schlafphasen und hundertachtzig Quadratmeter zusammengeschnurrt ist, wird die Welt unserer Tochter immer größer. Wir finden Trost in ihrem Staunen: ihre Finger, die die Umrisse unserer Gesichter abtasten, ihre Begeisterung für unsere Gitarre, unsere albernen Tänzchen, die Bandbreite ihrer neu entdeckten Stimme. In ihrem winzigen Universum gibt es auch heute Hoffnung. Daran halten wir uns mit wilder Entschlossenheit fest.

– Charity Yoro

Ja, Rabbis spielen Pool

Meine Freundin wollte uns verkuppeln. Ich sagte, siebzehn Jahre Altersunterschied seien zu viel und außerdem würde ich niemals einen Rabbi daten. Sie brachte ihn zu unserem wöchentlichen Pub-Quiz: „Nur ein Freund, kein Druck". Von Nahem bemerkte ich Fältchen um seine Augen von einem Leben voller Lächeln, von seinem schallenden Lachen. Später sah ich, wie er im Regen nach Hause ging. Er akzeptierte mein Angebot, ihn mitzunehmen. Bei unserem ersten Date spielten wir Poolbillard. Meine nichtjüdischen Freunde fragten fassungslos: „So was tun Rabbis?" Ja, tun sie. Rabbis spielen Pool in Kellerspelunken, dichten deine Badewanne ab, halten deinem Blick stand und gewinnen dein Herz.

– Tova Tenenbaum

Das Kleid, das ich nicht weggeben kann

Mit 15 kaufte ich mir ein weißes Kleid. Zu meiner besten Freundin sagte ich, eines Tages heirate ich dich darin. Wir lachten, was mich verletzte, doch ich verstand nicht, warum. Schließlich kam ich darauf und sagte ihr die Wahrheit: Es war kein Scherz gewesen. Auch sie gestand mir ihre Liebe und sagte im gleichen Atemzug, dass wir nie zusammenkommen könnten – Mädchen heiraten keine Mädchen. 2017, als die Homo-Ehe in Australien anerkannt wurde, kam sie mir als erste in den Sinn. Meine erste große Liebe. Das weiße Kleid habe ich behalten. Ich glaube nicht, dass ich es jemals weggeben kann.

– Eleanor Gerrard

Ein kleiner Schritt für die Menschheit, aber ein riesiger Sprung für uns

Ohne die Mondlandung hätten wir uns vielleicht verpasst. Gut möglich, dass ich, die schottische Köchin in der Armenküche in Glasgow, den amerikanischen Theologiestudenten Peter, der dort in jenem Sommer freiwillig aushalf, nie kennengelernt hätte. Am 20. Juli 1969, dem Tag, als Neil Armstrong auf dem Mond spazierte, servierte ich Suppe und erklärte die Mission zur Ressourcenverschwendung. Peter konterte, es sei eine bedeutsame Errungenschaft. Wir diskutierten leidenschaftlich und fühlten uns inmitten unserer Meinungsverschiedenheit voneinander angezogen. Auch fünfzig Jahre später noch streiten wir über die Weltraumerforschung, feiern jedoch den glücklichen Tag, an dem der Mond uns auf die gleiche Umlaufbahn gebracht hat.

– Jenny Fleming-Ives

Vielleicht hat es einfach aufgehört, gut zu sein

Vielleicht hat er mich von Anfang an nicht geliebt. Vielleicht hätte ich den Verlobungsring seiner Mutter nicht annehmen sollen. Vielleicht meinte er es nicht so, als er mich in seinen Armen hielt. Vielleicht habe ich zu viel von ihm erwartet. Vielleicht hätten wir dieses Haus nicht kaufen, die Scheune nicht bauen, uns nicht so hingebungsvoll um die Hühner und Schafe, die Rosen und Himbeeren kümmern sollen. Vielleicht, wenn ich ihn nicht als Unterstützung bei der Pflege meiner Mutter gebraucht hätte. Vielleicht, wenn er anders gewesen wäre. Oder ich. Vielleicht nicht. Aber vielleicht auch doch.

– Judith Edmister

Er kann es einfach nicht lassen, vor mir auf die Knie zu fallen

Wir sind seit fünf Jahren verheiratet und haben zwei Kinder. Wir streiten selten, aber bekommen wir in der Öffentlichkeit Streit - wenn wir die Straße entlanglaufen oder in einem Restaurant sind -, macht Paul vor mir einen Kniefall, nimmt meine Hand, sieht mich liebevoll an und sagt: „Kannst du mir bitte verzeihen?" Zu meinem Entsetzen beginnen Autos zu hupen, Menschen zu gaffen und Kellnerinnen bestellen Nachtisch aufs Haus. Daran erinnert, warum ich ursprünglich einmal Ja zu ihm gesagt habe, sage ich wieder Ja. - Lauren Gray

Frisch vermählt in Idaho.

Zum zweiten Mal auf dem Standesamt

Vor fast fünfzig Jahren heirateten Sue und ich überstürzt, um der Verlegenheit zu entgehen, im siebten Monat schwanger, aber unverheiratet zu sein. Die Zeremonie ist verschwommen, doch unvergesslich war die Erklärung: „Bis dass der Tod uns scheide". Fünf Jahre und zwei Kinder später reichten wir die Scheidung ein. Vor ein paar Monaten bekam ich die Prognose, dass mir noch ein bis zwei Jahre zu leben bleiben. Als ich Sue die Neuigkeit mitteilte, bot sie mir an, mich zu pflegen. Letzten Monat heirateten wir erneut. Unsere Tochter war Trauzeugin, als wir einmal mehr erklärten: „Bis dass der Tod uns scheide".

– Rodney Santos

Die Flamingo-Connection

Peyton postete ein Foto mit Lisa, seinem Flamingo, mit Weihnachtsmannmütze. Lisa hatte einen Instagram-Account, also folgte ich ihr. Er: „Ich sehe, dass du meinem Flamingo auf Instagram folgst." Ich: „Du hast ihn in einem Foto getaggt. Was blieb mir da übrig?" Die Textnachrichten wurden länger. Weihnachten ging in Silvester über und schließlich in eine Nacht, in der wir Sterne schauten. Ich fragte ihn, warum er mir getextet hatte; er fragte, warum ich geantwortet hatte. Wir wussten es beide. Ich bin dem Flamingo dankbar. „Sie ist die Einzige, die ich je lieben werde", sagte er einmal. Aber das stimmt nicht mehr.

– Kate Bellows

Jede Farbe, jeden Tag

„Wenn du willst, kannst du dir drei Farben aussuchen“, sagte ich unter den entsetzten Blicken anderer Kundinnen und der Kosmetikerinnen zu meiner dreijährigen Tochter. Erlaubte ich meinem Kleinkind gerade wirklich eine mehrfarbige Pediküre? Was für ein selbstsüchtiges Monster zog ich da wohl heran? Nur zwei Jahre zuvor hatte mein Kind um sein Leben gerungen, hatte Monate im Krankenhaus verbracht, mehrere Eingriffe durchgestanden. Ihr Hände und Füße angeschwollen aufgrund der riesigen intravenösen Zugänge, ertrug sie für einen so kleinen Menschen geradezu unvorstellbare Schmerzen. Sie darf ihre Nägel in jeder Farbe lackieren, die ihr gefällt – jeden Tag, für den Rest ihres Lebens.

– Gabriela Revilla Lugo

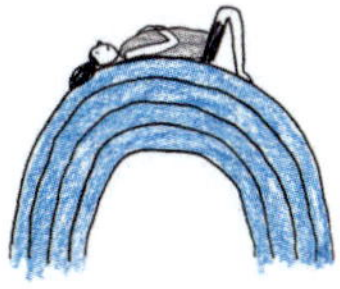

Unsere vier geheimen Jahre

Ich wollte mich nicht in sie verlieben. Ich hatte einen Ehemann, hielt die Andacht in meiner Kirche. Selbstredend waren meine Gefühle unnatürlich. Warum aber fühlten sie sich richtig an? Wie konnte Liebe falsch sein? Vielleicht verstehen nur diejenigen, die versucht haben, sich nicht zu verlieben, warum es „Hals über Kopf" heißt. Man kann es nicht aufhalten. Spürt den Boden nicht unter den Füßen. Nachdem wir unsere Ehemänner verlassen hatten, blieben uns vier geheime Jahre. Dann verließ sie mich für einen Mann. Sie konnte nicht offen mit uns umgehen. „Nicht stark genug", sagte sie. Auch fünfzehn Jahre später weine ich noch.

– Paula Wescott

Zweiundzwanzig Minuten ohne Sauerstoff

Nach sieben Tagen im Koma, die auf zweiundzwanzig Minuten ohne Sauerstoff während eines unglücklicherweise „Herztod“ benannten Zwischenfalls gefolgt waren, begannen die Lider meines Ehemanns zu flattern. Mein Vater und ich hatten gewartet, hoffnungsvoll, aber bang. Wir fragten uns: Wird er sprechen können? Laufen? Selbstständig essen oder sich waschen? Die Prognosetests waren nicht ermutigend. Wir blickten ihn an, und nach einer Weile fixierten seine Augen die meinen. Dann hustete er. Wir blickten ihn weiter an. Er blinzelte. Noch immer blickten wir ihn an. Schließlich flüsterte ich: „Wie geht es dir, Schatz?“ Er seufzte und sagte: „Also, ich fühle mich ziemlich tot.“

– Lisa Petty

Drei Zeremonien, zwei Töchter, keine Religion

Wir lernten uns in unserem ersten Jahr am College kennen. Im letzten waren wir unzertrennlich, hielten unsere Beziehung aber geheim. Unsere Familien durften nicht davon erfahren. Kruttik war Hindu, ich Muslima. Eine unmögliche Verbindung. Als meine Mutter es schließlich herausfand, führte sich mein Vater auf, als wäre ein Familienmitglied gestorben. Sieben Jahre voller Tränen, familiärer Entfremdung und emotionaler Folter später heirateten Kruttik und ich in drei Zeremonien in drei indischen Städten und versuchten, die Hindu- und Muslim-Gottheiten zufriedenzustellen. Das war vor zwölf Jahren. Inzwischen haben wir zwei Töchter, und Familie hat für uns eine neue Bedeutung. Außerdem sind wir Atheisten.

- Zainab Zaki

Was mein Zwilling versteht

Mein Zwillingsbruder ist Autist und redet nicht viel. Ich bin Schriftstellerin. Mom sagt, ich hätte im Mutterleib alle Wörter aus ihm herausgesaugt. Als wir zwölf waren, lief ich einfach ins Zimmer meines Bruders und sagte: „Ich bin lesbisch." Davor hatte ich die Worte nie laut ausgesprochen. Ich wusste, dass er es niemandem sagen könnte, selbst wenn er gewollt hätte. Er betrachtete mich mit unveränderter Miene. Ich begann zu weinen. Mein Zwilling verstand nicht, was ich ihm gesagt hatte oder was es bedeutet, lesbisch zu sein, aber er erkannte, dass ich traurig war, und griff nach meiner Hand.

– Sarah Emily Baum

„Daddy fehlt mir.“

Mein fünfjähriger Sohn kam vom Wochenende bei seinem Vater zurück und trug dessen Hut. Er wollte ihn partout nicht abnehmen. „Daddy fehlt mir“, sagte er. Es gab keine Tränen. Keine Wutanfälle. Kein Jammern. Er sprach eine Tatsache aus. So war es, und er akzeptierte es. Seine Stärke und sein Kummer ließen mich staunen. Meine Eltern sind nicht geschieden. Ich weiß nicht, wie sich so etwas anfühlt. An diesem Abend schlief er daumenlutschend ein – und trug dabei den Hut seines Vaters.

– Amy Okura

Sehvermögen, optional

Lernte man sich vor fünfzehn Jahren online kennen, bedeutete das, dass man eher Geschichten über sich austauschte, als nach rechts zu wischen. John und ich mochten einander sofort, Scherze und Anekdoten flogen hin und her. Nach drei Wochen Austausch war ich mehr als interessiert. Er war witzig, intelligent, erfolgreich und zugewandt. Und, wie sich herausstellte, sehbehindert – eine völlige Erblindung möglich. Ich schloss meinen Laptop, um zu überlegen, wollte mir vierundzwanzig Stunden Bedenkenzeit geben, aber ich brauchte nur zwei. Herz, obligatorisch. Sehvermögen, optional.

– Jennifer Haendel

Von einer herrenlosen Katze gerettet

Meiner Katze Talula begegnete ich zum ersten Mal in einer kalten Nacht 2004, als ich zu pleite war, um den Amtrak zu nehmen, und zu krank für ein Abendessen. Sie war von einem Auto angefahren, aber von einem Freund gerettet worden. Ich litt unter schwerer Magersucht, stand an der Schwelle des Todes. Ich nahm den New Jersey Transit nach Philadelphia, um sie abzuholen, hielt sie mit einem Pullover warm und sang ihr auf dem gesamten Heimweg vor. In New York schlief sie auf meinem Kopf, saß auf meinem Schoß und half mir, gesund zu werden. Es hat vierzehn Jahre gedauert.

– Rena Silverman

Mein Kopf, die Armstütze

Er ist eins sechsundneunzig groß – größer als der Basketballspieler Stephen Curry. Ich bin so groß wie fünf Subway-Sandwiches. Auch wenn ich lieber mit Männern zusammen bin, die größer sind, hatte ich es mir so nicht vorgestellt. Es gibt durchaus Herausforderungen. Nach seiner Hand zu greifen, erinnert mich an Kindergartenzeiten, als ich meinen Arm ausstrecken musste, um am Rockzipfel meiner Mutter zu ziehen. Wenn wir anstehen, benutzt er meinen Kopf manchmal als Armstütze. Ja, er ist die Sorte Mensch, hinter der ich nicht gern bei Konzerten oder im Kino sitzen würde, aber glücklicherweise hat er sich entschieden, an meiner Seite zu sein.

– Roan Raymundo

Nichts fehlte

An dem Tag, an dem mein erstes Kind, Aviva, geboren wurde, hatte meine Mutter eine beidseitige Brustamputation. Einen Tag nachdem ich mit Aviva heimgekehrt war, wurde meine Mutter aus dem Krankenhaus entlassen. Sie kam direkt zu uns. Als sie hereinkam, stillte ich gerade. Meine Brüste, weiß und prall und voller Milch, waren entblößt. Sie waren alles, was meiner Mutter fehlte, und vor Traurigkeit musste ich weinen. Als sie ihr neugeborenes Enkelkind sah, weinte auch meine Mutter – doch es waren Tränen der Freude.

– Liat Katz

Bitte, erzähl mir von meinem Bruder

Neidisch betrachte ich seine Freundin. Sie kennt ihn, wie ich ihn gern kennen würde. Erzähl mir von ihm, möchte ich sagen. Sag mir, wie er seinen Kaffee trinkt, wann er zum letzten Mal geweint hat, wie er im Schlaf aussieht. Erzähl mir, wie er Gute Nacht sagt, ob er Gedichte schreibt, wie er bei deiner Familie ist. Erzähl mir, was er über seine Kindheit berichtet hat, seine Eltern, seine Schwester. Erzähl mir, ob er Kinder möchte, einen Hund, ein Haus in Japan. Erzähl mir von seinem Weltbild, seinen Albträumen, seinen Geheimnissen. Bitte, möchte ich sagen. Erzähl mir von meinem Bruder.

– Lucy Mae Coulson

Hier, ein Stuhl für dich

Ich freute mich auf die Verlobungsfeier meines ältesten Sohns, war aber auch nervös, da ich meinen Ex-Mann seit fünf Jahren nicht gesehen hatte. Mitten bei der Feier blickte ich von meinem Teller mit Kokoskaltschale auf und sah, wie mein achtjähriger Sohn aus zweiter Ehe seinen Stuhl zu meinem Ex trug. Er hockte im Gras neben seiner zweiten Frau und erschreckte sich bei dem plötzlich hinter ihm auftauchenden Stuhl. Dann drehte er sich zu Asher um – ein Kind, das nicht existieren würde, hätte ich nicht das Herz meines Ex-Manns gebrochen – und lächelte.

– Gayle Brandeis

Der Reiz bleibt

Müde beschlossen wir, uns im prächtigen Graceland Cemetery in Chicago hinzulegen. Mein Kopf ruhte auf seiner Brust, und ich passte mich seiner Atmung an. Ich tat mein Bestes, das Kitzeln der Grashalme zu ignorieren, den Reiz, in Gedanken das Was-wäre-wenn eines anderen zu erkunden. Das ist es jetzt. Wie lange es wohl halten wird? Bis zu unserem Tod?

– Hannah Davis Atkinson

Die Hände meiner Mutter in den meinen

Ich nahm die Hände meiner Mutter, die mit ihren 91 Jahren im Sterben lag. Ich betrachtete ihre Finger. Lang und anmutig. Manikürt und korallenrot lackiert, selbst am letzten Tag ihres Lebens. Ihre Hände waren nicht immer so schön gewesen – als sie an der Schreibmaschine oder in der Erde ihrer vielen Gärten gearbeitet hatte oder als sie Knoten in unseren Kinderhaaren entwirrte. Es waren Hände, die pausenlos gewaschen, gefaltet, gestopft, gebügelt, gestapelt und weggeräumt hatten. Jetzt, wo das Leben aus ihr wich, lagen sie warm und still da. Nach und nach löste sie ihre Hände aus den meinen und war fort.

– Shelley Meader Walinski

Unser Alter ließ sich perfekt aufsummieren

1990 schloss ich mich Herbs Wahlkampf um den Gouverneursposten von South Carolina an. Herb wollte ein Gesetz kippen, das es Atheisten verbot, öffentliche Ämter zu bekleiden. Wir trafen uns persönlich und verliebten uns dann im Sommer am Telefon und in Briefen. Ich hatte Angst, ihm mein Alter zu verraten. Als er fragte, sagte ich: „Zweiundfünfzig, und du?" „Achtundvierzig." Wir verloren die Wahl, halfen aber mit, das Gesetz abzuschaffen. Nach unserer Hochzeit fragte ich: „Was hast du gedacht, als ich dir mein Alter verraten habe?" Er erwiderte: „Ich habe gedacht, 52 plus 48 ergibt 100." Habe ich erwähnt, dass er Mathematikprofessor ist?

– Sharon Fratepietro

Am Tag unserer Verlobung. Ich rechts, Hazel links.

Ich sehe sie auch

Eine Kamera kann fünf Kilo draufpacken. Aber auch fünf wegmogeln, wenn der Winkel stimmt. „Ehrlich jetzt? Ich wünschte, du wärst ein bisschen dünner", sagte ein Date von der Anzeigenwebsite Craigslist. „Du bist attraktiv, aber ich fühle mich nicht zu dir hingezogen", ein anderes. Mir war nach Aufgeben zumute. Ich könnte mich mit der Gesellschaft von Hunden abfinden, mir so alle dreizehn Jahre einen neuen holen, bis ich ... Nicht willens, diesen Gedanken zu Ende zu führen, blickte ich direkt in die Linse und wagte mich ein letztes Mal online. Sie sah Schönheit. Ich sehe sie auch.

- Caitlin O'Toole

„Ein Paar was?“

„Falls du heulst, wenn ich sterbe, werde ich dich heimsuchen“, sagte Rick. „Dann wirst du mich wohl heimsuchen müssen“, antwortete ich. Einige Monate danach lief ich durch die Wohnung, die wir uns teilen wollten, und brüllte: „Wo steckst du, du Mistkerl?“ Als Rick seinen letzten Atemzug tat, brach mein Herz. Zwischen uns lief nichts. Wir umarmten uns kaum. „Ihr seid ein entzückendes Paar“, sagten andere Leute zu uns. „Ein Paar was?“, antworteten wir. Wir waren beste Freunde, häufig fand man uns auf unserem Sofa, wo wir wie irre lachten. „Rick, wir sind bescheuert“, sagte ich. „Ja“, sagte er, „aber glücklich.“

– Betty Adorno

Umarmungen können eine Generation überspringen

Meine koreanischen Eltern wuchsen ohne körperliche Zuwendung ihrer Eltern auf und wussten daher nicht, wie man eine solche Art der Zärtlichkeit zeigt. Stattdessen klopften sie uns auf den Rücken – je energischer der Klaps, desto mehr Liebe bedeutete er, desto stolzer waren sie auf uns. Heute sehe ich, wie meine Kinder, die mit unbefangenen körperlichen Liebesbekundungen aufwuchsen, meine Eltern umarmen und küssen und ihnen ganz ungeniert sagen: „Ich hab dich lieb." Bei ihren Enkeln erwidern meine Eltern die Zuneigung auf eine Weise, wie sie es mit ihren eigenen Kindern noch immer nicht können. Aber das ist okay. Wir hatten die Schulterklopfer.

– Haley M. Hwang

Unsere Rückkehr zur Zärtlichkeit

Früher hob ich dich über den Kopf und aus deinem Kinderhals schallte Gelächter. „Du wirst mal ein Partygirl", gurrte ich. Deine Kindheit jedoch war keine Party. Sorgerechtsverhandlungen. Deine andere Mutter gewann. Im Alter von 10 habe ich dich zurückbekommen. In deiner Teenagerzeit ist das Partygirl ausgebrochen. Widerstand, zugeknallte Türen, Alkohol am Steuer. Schließlich hast du um Hilfe gebeten. „Meine Kleine ist da drinnen", sage ich und deute auf dein Herz. „Pass gut auf sie auf." Seit fünf Monaten nüchtern, sagst du: „Zeig mir, wie." Früher hattest du keine Geduld für zärtliche Worte. Heute kannst du davon nicht genug bekommen.

– Tzivia Gover

Sie in mir erkennen

„Bedauere Ihren Verlust", sagt man. Als wärst du verloren gegangen, wie ein vergessener Geldbeutel oder ein verlegter Schlüssel. Eine Wendung, die Mitgefühl ausdrücken, Unbehagen überwinden soll. Auch ich habe es gesagt – über Haustiere und Fremde, aber nie über dich. Ich finde dich in meinen tief liegenden Augen wieder und in den Wangenknochen darunter. Meine Hände gleichen deinen von vor dreißig Jahren. Ich erkenne dich in meiner Sommerbräune, die Mitte Juli dunkel ist, und in den Fältchen um meinen Mund, wenn ich lache oder weine. Nein, ich habe dich nicht verloren, Mom. Das wird niemals geschehen. Du bist überall gegenwärtig, am meisten in mir.

– Alicia Gabe

Ich habe einen „Ja"-Mann geheiratet

Der Spürhund am Flughafen von Sydney fand den vergessenen, tief im Rucksack meines Mannes vergrabenen Apfel. (Zwei Reisen zuvor hatte mein Liebster auf dem Einreiseformular versehentlich alle Kästchen mit „Ja" angekreuzt. Tuberkulose: Ja. Biologische Proben: Ja. Handfeuerwaffen: Ja. Illegale Drogen: Ja. „Kumpel", seufzte der Einreisebeamte. „Der vor Ihnen hat nur Deutsch gesprochen, und selbst der hat es hinbekommen.") Ich zwängte den Fuß meines müden Kindes in seinen Schuh und fragte mich, wie ich nur an so einen Reisepartner geraten konnte. Ach ja, es hatte da einen Antrag gegeben – an einem Flughafen.

– Kate Palmer

Wir wissen, wo wir sind, und es ist nicht Paris

In Paddys Clam House in Manhattan setzte uns der Maître d'hôtel in eine lauschige, schummrige Ecke. Frisch verlobt, wie wir waren, lehnte ich mich zu Gail und gab ihr einen Kuss auf die Wange. Da stürmte der Maître d'hôtel herbei und sagte missbilligend: „Wo glauben Sie eigentlich, dass Sie sind, Paris?" Die Frage wurde zu unserem Code für verstohlene Küsse an unvorhergesehenen Orten. Achtunddreißig Jahre später standen wir am Flughafen in Paris für unseren Anschlussflug nach Kiew an. Ich wandte mich zu Gail, ohne ein Wort lächelten wir, küssten uns und sagten unisono: „Wo glauben Sie eigentlich, dass Sie sind?"

– Jay Chaskes

Wenn Sie Licht in Ihrem Leben brauchen, rufen Sie einen Elektriker an

Mein Ex ließ mich mit zwei kleinen Kindern und einem baufälligen Haus sitzen. Den suchenden Blicken und endlosen Fragen meiner Kinder konnte ich nicht beikommen, aber einen Elektriker anrufen, das konnte ich. Tags darauf kam John. Bei unserem Kampf, einen Deckenventilator im schwindenden Licht eines Sommerabends anzubringen, teilten wir uns eine Leiter. In dem Moment, sagte John, als er meinen Bauch sah, der aus meinem Shirt hervorlugte, unsere Schatten tanzten an den Wänden, verliebte er sich in mich. Offenbar musste das gesamte Haus neu verkabelt werden. John legte die richtigen Verbindungen, und auch achtzehn Jahre später noch strahlt das Licht.

– April Silva

Zum Glück hat er seinen Platz nicht getauscht

Ich war beunruhigt: 36 und noch immer single. Ein befreundetes Ehepaar (die Glücklichen) veranstaltete eines Abends eine Dinnerparty, bei der nur Käse und Wein serviert wurden. Am nächsten Morgen verpasste ich beinahe einen Flug, da ich mich von dem „Dinner" übergeben musste. Irgendwie schaffte ich es ins Flugzeug. Die Toilette im Blick, fragte ich einen großen Mann, ob er seinen Gang- gegen meinen Fensterplatz tauschen wolle. „Nein, die Beine ...", sagte er. Resigniert begab ich mich auf meinen Platz. Doch er hatte ein schlechtes Gewissen. Wir redeten. Offenbar war auch er 36 und single. Unsere Tochter ist inzwischen 13.

– Leecia Manning

Meine Mutter thront majestätisch in meinem Elternhaus in Detroit, kurz nach ihrem 93.

Wenn aus Scham Hilfsbereitschaft wird

Meine Mutter und ich fuhren durch Detroit, als wir, an einer Ampel wartend, einen blinden Mann bemerkten, der versuchte, eine viel befahrene Straße zu überqueren. Meine Mutter sagte, ich solle ihm helfen, doch ich – ein schüchterner, überforderter Teenager – weigerte mich. Sie stieg aus und half dem Mann, dann fuhren wir weiter. Meine Scham blieb, bis ich Jahre später in Los Angeles einen blinden Mann bemerkte, der versuchte, die Vine Street zu überqueren. Ich hielt an und half ihm, wobei ich fünf Fahrbahnen blockierte. Als ich losfuhr, klatschten und hupten die anderen Menschen. Danke, dass du mit gutem Beispiel vorangegangen bist, Mutter.

– Thomas Drotar

Ich liebte ihren Sohn im Geheimen

Das Geräusch des Garagentors riss uns auseinander, ein knirschender Alarm, der signalisierte, dass seine Eltern früher heimkamen. Stammelnd, mit aufgerissenen Augen raffte er meine Sachen zusammen und hievte sie – und mich – aus der Hintertür. Ich zog mich wieder an, schlich um das Haus und hielt just unter dem Fenster des Elternschlafzimmers, als das Licht anging und mich ein schmaler Lichtstreifen aufspürte wie einen entflohenen Häftling. Hätten sie doch bloß die Jalousien geöffnet, dann hätten sie den Jungen gesehen, der ihren Sohn im Geheimen liebte – doch das taten sie nicht, wir lernten uns nie kennen, und das Licht ging aus.

– Topher Daniel

Noch immer in meinem Garten

Als wir uns im Dezember kennenlernten, sagte er, er könne sich nicht binden. Im Januar gestand ich ihm meine Liebe. Im März pflanzte er eine Sonnenblume in meinen Garten in New Orleans. Sie nahm den anderen Pflanzen die Sonne, ließ sie verkümmern. Im Juli riss ich seinen Dreimeterkoloss aus und posierte mit dem Blütenkopf triumphierend für ein Foto. Im September zog er das Foto bei Drinks hervor. „Das ist deine Sonnenblume“, sagte ich. „Ich weiß“, antwortete er. Ich wollte mich, meinen Garten, von ihm befreien, aber am ersten Jahrestag unserer eigentlich gar nicht existierenden Beziehung ist er noch immer hier.

– Marcelle Beaulieu

Jemanden in der Scheidungsgruppe finden

Lässt man sich in Massachusetts scheiden und hat Kinder unter 18, muss man ein Erziehungsprogramm absolvieren. An fünf Mittwochabenden wurden mein Freund und ich in eine lokale Mittelschule beordert, wo wir mit anderen frischgebackenen Alleinerziehenden an zu tiefen Tischen saßen: der weinenden Blondine im OP-Kittel, dem wütenden Landschaftsgärtner, der aufgeregten Führungskraft. Ich brachte Gin in einer orangefarbenen Trinkflasche mit. Er hatte seit Tagen nichts gegessen. An dem Abend, an dem ich das Geografieprojekt meines Sohnes an den Heizkörper des Klassenzimmers gelehnt entdeckte, küssten wir uns hinter dem Altkleidercontainer, und ich dachte, ich würde vor lauter Kummer und Hoffnung sterben.

– Bethany Dorau

Worte wiedererlangen

Nach einem Schlaganfall versuchte meine 85-jährige Mutter, ihr Sprachvermögen wiederzuerlangen. Ich brachte Familienfotos ins Krankenhaus mit. Ich sagte die Namen Angehöriger, und sie versuchte, sie zu wiederholen. Nach tagelangem Frust begann sie bei jedem Foto, das ihr gezeigt wurde, die Namen richtig, stolz und laut zu sagen. Eines Tages summte sie die Melodie eines alten Kinderlieds, und ich stimmte bei ihrer Suche nach den richtigen Worten ein. Eine Krankenschwester kam an die Tür und fragte, was wir da machten. Meine Mutter lächelte und sagte: Wir ... machen ... Liebe.

– Tracy Sinai

Mit unserer Tochter Adelaide, unserem neugeborenen Sohn Leo und unserem Chihuahua Clarence.

Ihr fabelhaftes Haar

An den Namen der Bar im East Village, in der wir uns kennenlernten, können wir uns nicht erinnern, aber ich erinnere mich noch daran, was ich als Erstes zu ihr sagte: „Wie viel Geld gibst für diese Haare aus?“ „Keins“, sagte Melissa. „Ich bin mit Anfang zwanzig grau geworden.“ Fünf Jahre und zwei Kinder nach diesem Blinddate denken Fremde, wir wären Großeltern. Wir haben uns spät verliebt, hatten bereits jahrzehntelang Lebenserfahrung gesammelt: Großstadtleben, Karrieren, Reisen, Partys, Eltern, die gegen Krebs kämpften. Ich hatte einfach Glück, das Gespräch mit ihrem Lieblingsthema zu beginnen.

– Michael LeFort

Leben im Licht

Ich war alt und transgender, aber nicht geoutet. Ich durchstreifte die Welt mit einer kleinen Taschenlampe, lag allein im Bett, das Smartphone in der Hand, und dachte: „Was mach ich bloß?“ Ich lud eine App herunter und schrieb: „Möchte sich irgendjemand mit einer trans Frau unterhalten?“ Bevor Diane und ich uns persönlich trafen, sagte sie: „Ich dachte, dass ich vielleicht eine Freundin finde, nicht Liebe.“ Wir haben die Liebe gefunden. Wir dateten. Wir heirateten. Ich ließ mein Geschlecht angleichen, um mit meinem wahren Ich leben zu können, und so begannen wir ein neues Leben im Licht.

– Gia Sanchez

Krafttraining

Kaum vierundzwanzig Stunden nachdem mein Freund unsere vierjährige Beziehung beendet hatte, fand meine erste Einheit beim Personal Trainer statt. Ich konnte weder atmen - noch absagen. Ich scheute mich vor den Gewichten, an denen ich ziehen, die ich drücken, tragen, heben oder bewegen sollte. „Du bist stärker, als du denkst", sagte der Trainer. Ich weinte. Vier Wochen später weinte ich andere Tränen, als er ein Video von mir aufnahm, wie ich zum ersten Mal in meinem schwacharmigen Leben mein Kinn über die Stange zog. Mein Trainer, kaum mehr als eine flüchtige Bekanntschaft, hat mir beigebracht, mich selbst hochzuziehen.

– Marilyn Vaccaro

Der Präriehund meiner Träume

Als ich jung war, kamen in meinen Träumen oft Präriehunde vor, sie tauchten sporadisch auf, wie Werbeunterbrechungen. Es war seltsam, aber so waren meine Träume nun einmal. In meinen Zwanzigern redete ich mit meinem Mitbewohner Ken oft bis zum Morgengrauen. Eines Nachts kam eine alberne Frage auf: „Wenn du ein Tier sein könntest, was für eins wärst du dann gerne?“ „Ein Präriehund“, sagte Ken. Nach dieser Unterhaltung hörten die Werbeunterbrechungen auf. Dreißig Jahre danach bin ich noch immer mit dem Mann (oder Präriehund) meiner Träume verheiratet.

– Ava Chinn

Wasser rauschte unter uns

Auf dem Schild stand: ÜBERQUEREN DER FURT AUF EIGENE GEFAHR. „Was ist eine Furt?", fragte ich. „Eine Flachstelle", sagtest du und fuhrst langsamer. Die Furt war überflutet, doch du fuhrst auf sie zu, öffnetest eine Tür. Unter dem Auto rauschte das Wasser hindurch. „Mach deine auf", sagtest du. Ich saß da, erstarrt. Du lachtest. Ich öffnete die Tür einen Spaltbreit, dann weiter. „Hör doch mal." Die Geräusche des Flusses erfüllten das Auto. Ich atmete feuchtes Gras, Schlamm, tote Blätter. Ich fasste hinunter und ließ das Wasser über meine Fingerspitzen fließen. Das Leben mit dir, das wusste ich, wäre anders. – Jessica Braun

Wenn einem ein Kronleuchter auf den Kopf fällt

Alles, was ich je wollte, war ein Hund, aber Carlito war allergisch und unerschütterlich. Ich heiratete ihn trotzdem, überzeugt, dass am Ende die Liebe siegen würde. Eines Abends, wir aßen mit Freunden in einem Restaurant in Manhattan, brach ein 25-Kilo-Kronleuchter aus der Decke und streifte meinen Kopf. Ich blutete; Carlito weinte. Als der Rettungssanitäter verkündete, ich würde es überleben, beugte sich Carlitos Freund über die Bahre und flüsterte: „Jetzt kannst du dir alles wünschen ..." Wir nannten den Welpen Chandelier. Solange der Hund lebte, nieste Carlito jeden Tag, aber es kümmerte ihn nicht die Bohne.

– Shari Simpson

Zwei Astronomie-Nerds

Es war Supermond, die Art von Nacht, nach der Astronomie-Nerds lechzen. Am nächsten Tag hatte ich eine Klausur und meine Nase steckte in einem Biologiebuch, als das erdbeerblonde Mädchen fragte, ob jemand wüsste, wo es zum Observatorium geht. Man muss durch den Wald, aber tatsächlich kannte ich den Weg. Entlang zweier Pfade wanderten wir mit unseren Smartphone-Taschenlampen auf den Berg hinauf. Wir saßen schweigend zusammen und betrachteten unsere mondbeschienenen Schatten. Als wir zurückgingen, verliefen wir uns, und ich tauschte ein Blatt gegen ihre Nummer.

– Ethan Bradley

Vor dem Kaffee flirten

Jeden Morgen, wenn ich den kurzen Weg zu meinem Lieblingscafé lief, versuchte ich, mir etwas Schlaues einfallen zu lassen, das ich zur süßen Kassiererin dort sagen könnte. Es war das Schwierigste, was ich je versucht hatte: vor dem Kaffee flirten. Üblicherweise nuschelte ich irgendetwas Unverständliches von langen Arbeitstagen oder meinem abgeschleppten Auto. Eines Morgens bemerkte ich ihr Namensschild und sagte: „Hi, Anu“, wobei ich ihren Namen falsch aussprach. Zum Glück war auf meinem T-Shirt ein Bananenaufkleber. „Ich bin Chiquita“, sagte ich. Auch achtundzwanzig Jahre später bin ich Chiquita. Ich musste gar nichts Schlaues sagen. Es genügte, einfach irgendetwas zu sagen. – Rob Thoms

Es ist okay, Angst zu haben

Meine Tochter konnte nicht einschlafen, weil sie sich fürchtete. Nichts half – weder Rückenkraulen noch die Baldriantropfen oder meine Versicherung, da seien keine Monster. Sie steigerte sich in hicksende Schluchzer. Ich flehte: „Schätzchen, jeder hat vor irgendetwas Angst." „Nein, du fürchtest dich vor nichts." „Doch!" „Wovor hast du Angst?" Ich versuchte, mir eine beruhigende Halbwahrheit einfallen zu lassen. „Siehst du! Du hast vor nichts Angst!" „Doch", flüsterte ich. „Ich habe Angst vor dem Altwerden ... und meiner Wut. Und Konsumdenken, Dummheit, Kinder ohne Aufmerksamkeitsspanne, abgelenkte Autofahrer und ..." „Okay, schöne Träume, Mama." Sie drehte sich um schlief auf der Stelle ein.

– Karen Rizzo

Ein Foto unserer Hochzeit in Llandovery, Wales. Wendy links, sitzend.

Sie rekelte sich wie meine Katze

Wendy war eine meiner liebsten alleinerziehenden Freundinnen. Sie hatte eine herrlich gedankenlose Art, sich zu rekeln, die mich an meine Katze erinnerte. Ihr Bauch war straff, ihre T-Shirts eng. Eines Tages kreuzte sie mit einer festen Freundin auf. Ich war so sauer, dass ich anfing, ihr aus dem Weg zu gehen. Sie dachte, ich wäre homophob. Ich vermisste ihren Optimismus und ihre endlose Begeisterung für Klatsch und Tratsch und Schokolade. Schließlich warf ich eine Münze und lud sie auf einen Drink ein. Ich war aufgeregt. Letztes Jahre heirateten wir. Wie sich herausstellte, war das Rekeln doch nicht so gedankenlos gewesen.

– Joanna Lambert

Gib nicht dem Merkur die Schuld

Wir saßen auf seiner Memoryschaummatratze, als er zugab, ein schlechter Freund zu sein. „Der Mond beeinflusst verschiedene Elemente meines Sternzeichens", sagte er. „Der Merkur ist rückläufig." Ein flaues Gefühl kroch in meinen Hals und nahm mir die Luft. Ich fragte mich, warum der Mond mich nie beeinflusst, mich nie von ihm losgerissen hatte. Ich blickte auf und sah eine geöffnete Kondomhülle auf seinem Nachttisch glänzen. Sie war nicht von uns. War es ein Zeichen? Ich erhob mich leise und ging, da ich zwei Füße hatte, und nichts im Universum mich aufhalten konnte.

- Laurel Kho

Weniger liebenswert als Hummer

Trotz unserer langwierigen Scheidung träume ich immer noch regelmäßig von einer bestimmten, liebenswerten Charaktereigenschaft meiner Ex-Frau. Im Halbschlaf, in diesem Zwischenstadium, sagte sie oft die lustigsten Dinge. Beispiel Nummer 1: Sie: „Mach das Licht aus." Ich: „Hab ich doch." Sie: „Nein." Sie zeigt zum Fenster. Ich: „Das ist der Mond." Sie: „Dann mach den Mond aus." Nummer 2, mein Lieblingsbeispiel: Als sie sich einmal mit geschlossenen Augen schläfrig an mich schmiegte, murmelte sie: „Ich liebe dich mehr als alles andere." Dann eine Pause. „Abgesehen von Hummer."

– Gene Keyes

Mangelnde Symmetrie

Nach mehreren Wochen des Anbandelns waren wir in meinem College-Apartment, als er sagte: „Du fühlst dich gut an. Ist das gut?“ „Ja“, sagte ich. „Das ist gut. Ich fühle mich gut.“ Und er sagte: „Ich bin glücklich.“ Und ich sagte: „Ich bin glücklich.“ Und er sagte: „Ich mag das.“ Und ich sagte: „Ich mag dich.“ Das war's – nicht nach dem Motto „Das war's, sie verliebten sich“, sondern nach dem Motto „Das war's, er erkannte die Möglichkeit einer Beziehung, die über mein Bett hinausreichen könnte, bekam kalte Füße und machte sich aus dem Staub“.

– Sarah Marlin

Er wartete bis zum Morgen

Weihnachtsabend auf der Intensivstation. Mein Ehemann war nicht ansprechbar. Ich legte meinen Kopf auf sein Bett und dämmerte weg. Als ich aufwachte, war es 2 Uhr, Weihnachtsmorgen. Der Tod kam näher, und ich hatte Angst. Ich liebkoste seine Hand und sprach mit ihm. „Ich möchte nicht allein in der Dunkelheit nach Hause fahren. Kannst du mit dem Sterben bis zur Dämmerung warten?“ Ich legte mich zu ihm ins Bett, unsere Seelen trafen sich. Frieden. Als die Sonne aufging, tat mein Mann seinen letzten Atemzug. Sein letztes Geschenk für mich war das Geschenk des Lichts.

– Cathy Lickteig Makofski

Ich mit meiner Jüngsten, die inzwischen erwachsen ist!

Plötzlich glücklich

Mein Ehemann, meine beiden Töchter und ich standen uns nahe, waren eine glückliche Familie. Am 4. Juli erlitt mein Mann einen Herzinfarkt und starb. Für uns folgte eine düstere und traumatische Zeit. Ich funktionierte auf Autopilot, erledigte meine Alltagsaufgaben wie ein Roboter. Ohne viel Hoffnung in der Stimme fragte meine jüngere Tochter: „Mom, wirst du jemals wieder glücklich sein?“ Ich sah sie an und versprach: „Wir werden wieder glücklich sein.“ In Wirklichkeit waren meine Worte eher ein Flehen. Die Jahre vergingen. Eines Tages erklärte meine Jüngste plötzlich: „Mom, du hast versprochen, dass wir wieder glücklich werden, und es ist wahr.“

- Lois Cooper

Durch einen Fremden aus Brooklyn verbunden

Ich bin Genetikerin. Bei einer Konferenz hielt ich eine Präsentation und spuckte für einen dieser DNA-Tests, die heute so angesagt sind, in ein Röhrchen. Wie passend und doch überraschend, dass ich nicht nur ein, sondern gleich sechs Halbgeschwister entdeckte. Ich wuchs mit einer Schwester auf. Unsere zwischenzeitlich verstorbenen Eltern hatten nie einen Samenspender erwähnt. Ich nehme an, dass man seine Unfruchtbarkeit in den 1950er-Jahren auf diese Weise unauffällig vertuscht hat. Auch wenn ich es zunächst kaum fassen konnte, freue ich mich darüber, dass uns ein anonymer Mann aus Brooklyn das Geschenk des Lebens gegeben hat und, Jahre später, uns einander. – Ricki Lewis

Die Logik der Liebe

Als Ingenieur glaube ich, dass Probleme logische Lösungen haben. Um mein Beziehungsproblem zu lösen, musste ich es also strukturieren. Mit einem Marker stand ich vor dem Flussdiagramm, das ich auf das Whiteboard meines Freundes gezeichnet hatte, stellte ihm Fragen und vermerkte seine Antworten. Er war glücklich, aber nicht sicher, ob er sich in mich verlieben könnte. Das Diagramm sagte „Trennung“, also trennten wir uns. Ich kam zu ihm zurück und versprach, mich selbst genug für uns beide zu lieben. Es funktionierte nicht. Wir trennten uns erneut. Liebe ist einfach. Das Flussdiagramm und dein Herz müssen zur gleichen Antwort führen: „Bleiben.“

– Jack Simmons

Mein polygamer Vorfahr und ich

Mit Zweitnamen heiße ich Traugott, nach meinem einzigen polygamen Vorfahren. Mit 36 outete ich mich als schwul, ließ mich von meiner Frau scheiden und verließ die Mormonen. Mit 37 fing ich an, einen Mann zu daten. Mit 42 heirateten wir. Ein Jahr danach ließen wir uns auf das stürmische Abenteuer der Polyamorie ein. Wir haben einander, unsere Kinder und unsere Liebhaber. Ich dachte, mit Traugott verbinde mich nicht mehr als ein eigenartiger Name. Jetzt frage ich mich: Hätten er und seine zwei Frauen mir Ratschläge geben können, eine Anweisung für mein neues Liebesleben? Oh, gütiger Herr, welch Ironie.

– Shawn Bitters

Freunde finden mit über 40

Ich treffe meine alten Freunde nicht mehr. Meine Frau auch nicht. Die erweiterte Punkrock-„Familie“ unserer Jugend gibt es längst nicht mehr. Wir haben uns physisch und emotional auseinandergelebt. Unsere Jobs haben sich verändert. Mit über 40 Freunde zu finden, ist schwer. Es gibt nicht viel, was einen verbindet. Gehen wir neue Freundschaften ein, sind diese zerbrechlich, werden von der kleinsten Unannehmlichkeit auseinandergerissen. Sind Beziehungen eigentlich ein Warentausch? Haben wir einfach nur noch wenig zu bieten? Meine Frau und ich fühlen uns allein, aber wenigstens sind wir zusammen allein. Mit jedem Jahr hängen wir mehr aneinander und hoffen, der andere genügt.

– Daniel Lee Perea

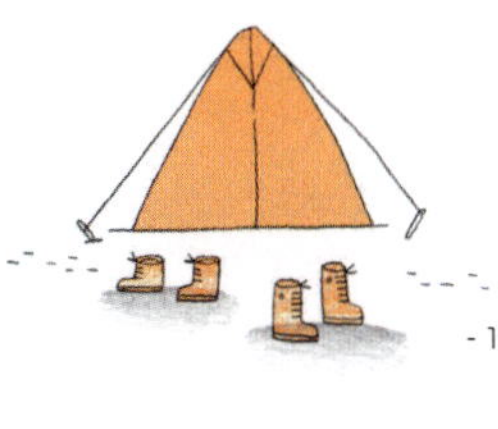

Bye-bye, „Familien"-Minivan

Der „Familien"-Minivan, den ich unbedingt kaufen sollte, damit wir Roadtrips machen könnten, um seinen Sohn in Los Angeles und seine Tochter in Santa Barbara zu besuchen und um mit unseren beiden Jungs zum Campen, zu Fahrrad- und Skiausflügen zu fahren; der „Familien"-Minivan, zu dem er mich vor einem Jahr überredete, als er wusste, was er tat und mit wem, und daher auch wusste, dass es mit uns vorbei und wir zum Scheitern verurteilt waren, was er sich aber nicht zu sagen getraute, und für den ich ihn später bei jedem Blick auf meine Auffahrt verfluchte – ist verkauft.

– Kyrie Robinson

Was wir am Ende tun

„Deine Schwester ist im Krankenhaus", sagte meine Mutter am Telefon. „Du musst nach Hause kommen." Ich hatte keine Ahnung, dass Jenny, eine 44-jährige Vorstadtmutter, sechs Tage später an den Folgen verschreibungspflichtiger Opioide sterben würde. Auch wenn mich ihre verhängnisvolle Sucht unvorbereitet traf, bin ich für diese letzten Tage im Krankenhaus dankbar, als ich meine Schwester fütterte, sie ins Badezimmer bugsierte, ihr vorsang (ihre Augen dabei geschlossen) und ihr sagte, dass ich sie liebte. Denn das ist es, was wir am Ende tun: chaotische, zärtliche, herzzerbrechende Dinge. Dann zeigen wir uns von unserer besten Seite, selbst wenn es zu spät ist.

– Kelly O'Connor

Hoch oben in der Luft

Wir sind beide Flugbegleiterinnen und lernten uns auf einem Flug nach Seattle, Lauras Heimatstadt, kennen. Sie sagte, ich würde sie zum Schwitzen bringen, weil ich ihr so viel Aufmerksamkeit schenkte wie einem Erste-Klasse-Passagier. Ich erwiderte, es läge nur an ihrer Polyesteruniform. Bei unserer Zwischenlandung tranken wir Wein und aßen thailändisch. Ich verbrachte die Nacht bei ihr statt im Flughafenhotel. Sieben Jahre danach heirateten wir. Wenn wir heute für den gleichen Flug eingeteilt werden, tun wir so, als wären wir Fremde, die sich zum ersten Mal treffen, um unsere Liebe frisch zu halten. Sie sagt, ich würde sie noch immer zum Schwitzen bringen.

– Dawn Grace

Eine Lücke im Zaun

Am Tag der Beerdigung meines Vaters erschien der exzentrische Nachbar, vor dem wir uns als Kinder gefürchtet hatten, an der Tür meiner Mutter. Kopfschüttelnd bellte er seine Beileidsbekundungen heraus: „Ein guter Mann. Ein verdammt guter Mann.“ Als die Trauer meiner Mutter mit den Jahren nachließ, bemerkten wir, dass ein Stück des Zauns zwischen ihrem Garten und seinem verschwunden war. Ein Pfad kam zum Vorschein. Zwei Jahrzehnte lang bildete dieser Pfad die unwahrscheinlichste aller Freundschaften ab und führte zu einer stillen, unerwarteten Liebe. Unser Nachbar wird den Pfad nicht mehr benutzen. Und unsere Mutter trauert um einen weiteren verdammt guten Mann.

– Kate Murphy

Hummer und der Gesang von Eistauchern

Wir alle waren mit aufgerissenen, kahl gefressenen Herzen an den See gekommen. Ich kellnerte in dem Resort, das Städter wegen seines Hummers und dem Gesang der Eistaucher besuchten. Er spülte die Teller, die ich ihm über den Stahltisch der Küche reichte. Er streckte mir seine leisen Spülhandschuhhände entgegen. Ich bot ihm Muscheln und Muschelschalen und mein hoffnungsvolles Lächeln. Nach der Arbeit trafen wir uns am Wasser. Wenn wir geduldig waren, hallte die Stimme des Eistauchers über die windstille Oberfläche, der Frieden, für den wir so weit gereist waren, Glühwürmchenlicht blitzte auf, als sein Blick den meinen traf.

– Nicola Waldron

Für Schokolade raus in den Schnee

Es war ein verschneiter New Yorker Winter. Mein Mann, unser Hund und ich lebten im vierten Stock eines Gebäudes ohne Aufzug auf der East Eighty-fourth. Eines Morgens um zwei wachte ich mit einem starken Verlangen nach Schokolade auf. Ich weckte meinen Mann Vic und fragte ihn, ob wir welche hätten, wohl wissend, dass dem nicht so war. Er blickte mich an, sagte nichts, stieg aus dem Bett, zog seine Schneekleidung über und ging. Eine halbe Stunde später kam er zurück und überreichte mir schweigend eine riesige Kiste mit M&Ms und Chunkys. Dann schlief er ohne ein Wort wieder ein. Das ist Liebe.

– Ruth Ress

Mein beinahe 90-jähriger Freund

Ich hätte nie gedacht, dass ich mit über 80 daten würde. Mein Kerl ist mit seinen knapp 90 sogar noch älter als ich. Samstagabends gibt es Burger, Bier, SNL, und wir teilen uns das Bett. Sind wir nicht zusammen, telefonieren wir, sind besorgt, wenn einer von uns krank wird, noch besorgter als früher – als wir unsterblich waren. Er nennt mich seine Freundin, ich ihn meinen Freund. Wir haben keine Heiratspläne, keine Pläne zusammenzuziehen, keine für ein Haus oder Baby. Wir denken nicht an die Zukunft, außer in der Hoffnung, morgen noch da zu sein. Für uns zählt einzig das Jetzt.

– Phyllis Raphael

Dank

Unser Dank gilt Allison McGeehon, Amanda Urban, Anya Strzemien, Bonnie Wertheim, Brian Rea, Caitlin O'Keefe, Caroline Que, Choire Sicha, Jessica White, Jordan Cohen, Lia Ronnen, Shoshana Gumajer, Sibylle Kazeroid, Suet Chon, Tracy Ma und insbesondere all jenen, deren Geschichten in diesem Buch abgedruckt sind.

Über die Herausgeber

DANIEL JONES betreut die Kolumne *Modern Love* in der *New York Times*, seit sie 2004 begann. Er tritt wöchentlich im *Modern-Love*-Podcast auf und ist beratender Produzent der Amazon-Serie *Modern Love.* Zu seinen Sachbüchern gehören *Modern Love: True Stories of Love, Loss, and Redemption* und *Love Illuminated: Exploring Life's Most Mystifying Subject (With the Help of 50 000 Strangers),* außerdem ist er der Autor des Romans *After Lucy.* Mit seiner Frau, der Schriftstellerin Cathi Hanauer, lebt er in Northampton, Massachusetts und in New York. Auf Twitter findet man ihn unter @danjonesnyt.

MIYA LEE hat 2014 angefangen, für *Modern Love* zu arbeiten, und hat damals im Rahmen des dritten College-Essay-Wettbewerbs der Kolumne die Lesereinsendungen bewertet. Nachdem sie ihr Studium an der Columbia University mit einem magna cum laude abgeschlossen und ein Praktikum im Lektorat bei Farrar, Straus and Giroux absolviert hatte, stieß sie als Projektassistentin von *Modern Love* zur *New York Times.* Hier wählt sie die *Tiny Love Stories* aus den Lesereinsendungen aus, redigiert diese und ist für die *Modern-Love*-Lizenzierung verantwortlich: für Bücher, Veranstaltungen, Podcasts und Fernsehrechte. Sie lebt in New York, wo sie geboren wurde und aufgewachsen ist. Auf Twitter findet man sie unter @yayamilee.

Grafik: Suet Chong
Illustrationen: © 2018–2020 by Brian Rea

Bildnachweis: S. 10: Susan Anderson; S. 16: Anjali Walia; S. 24: Wesley Rowell; S. 34: Joyce Simon; S. 44: Elizabeth Mackey; S. 52: Molly Welton; S. 60: Kat Lieu; S. 68: Walter Korynkiewicz; S. 78: Fantasia Norse and "a nice stranger at Vinatería restaurant in Harlem, New York City"; S. 88: Maria Blackburn; S. 110: Wayne Hollendonner; S. 124: David Keen; S. 134: Dana Santos; S. 152: Hazel Payne; S. 162: Thomas Drotar; S. 168: Michelle Lavelle; S. 178: Lisa Price; S. 184: Burkina Cooper.

Für die deutsche Ausgabe:
Übersetzung: Christiane Bernhard
Satz: Christine Rehmann | Editors Genie

Gesamtherstellung: Drukarnia Dimograf Sp. z o.o., Bielsko Biała

Aus Verantwortung für die Umwelt hat sich die Verlagsgruppe Droemer Knaur zu einer nachhaltigen Buchproduktion verpflichtet. Der bewusste Umgang mit unseren Ressourcen, der Schutz unseres Klimas und der Natur gehören zu unseren obersten Unternehmenszielen. Gemeinsam mit unseren Partnern und Lieferanten setzen wir uns für eine klimaneutrale Buchproduktion ein, die den Erwerb von Klimazertifikaten zur Kompensation des CO_2-Ausstoßes einschließt. Weitere Informationen finden Sie unter: www.klimaneutralerverlag.de

tiny love stories: Wahre Geschichten über das größte Gefühl der Welt
ISBN 978-3-8485-0083-3
Ursprünglich veröffentlicht in den USA unter dem Titel:
TINY LOVE STORIES: True Tales of Love in 100 Words or Less

Published by arrangement with Artisan Books, a Division of Workman Publishing Co., Inc., New York.

www.groh.de

MIX
Papier aus verantwortungsvollen Quellen
FSC® C018236
www.fsc.org

1 2 3 4 5

ICE